チャイルド・アートの発達心理学

子どもの絵のへんてこさには意味がある

鈴木 忠 著

新曜社

はじめに

２０１８年11月から翌年1月にかけて、東京でバッドアート美術館展という美術展が開かれた。バッドアートとは、文字どおりバッド（bad）なアートという意味である。

アメリカのボストンにあるバッドアート美術館（ＭＯＢＡ）は、１９９４年、ある画商がゴミの中から額縁のところだけもらおうと拾ってきた絵を、友人が気に入って自宅に飾ったのが始まりだという。その絵――「お花畑のルーシー」（作者不詳）――は、水色のワンピースを着てメガネをかけた白い髪の女性がお花畑の中で赤い椅子に腰掛けている絵である。右手に白い花を持ち、髪やスカートが強い風になびいている。女性の顔は精悍でちょっと怖そうなので男性のようにも見え、足は組んでいるのだろうが花を蹴とばしているようにも見える。

展示された百点あまりの絵は決していい加減に描かれているわけではないし、笑いを誘う絵が多いわけでもない。ただ、画家が何を描きたかったのかよくわからなかったり、描きたかったものがうまく描けているのか訝しい思いがしたりして、しかし何とはなしに見入ってしまう魅力のある絵が多かった。

館にはキュレーター（学芸員）がおり、絵をリサイクルショップで購入したり寄贈を受けたりする際に一定の方針のもとに厳選しているという。それを一言で表現すると

「無視するにはあまりにバッド（too bad to be ignored）」

ということだそうである。館長によれば、ここでいうバッドはグッドの反対語ではなく、あえて反対語を言うならインポータント（important）だという。つまりバッドアートとは、美術界の既存の流派やカテゴリーにおさまって一定の重要性や価値が認められているというのとは対極にあり、それでいて、見る人にどこか見過ごせないと思わせる力をもっているというのである。

この20年あまり、私は機会があると幼児がヒトを描いた絵を集めてきた。子どもの発達研究の資料として集め始めたのだが、次第に絵そのものに大きな魅力を感じるようになった。その魅力を言葉にするのはむずかしい。どの絵もつたなくはあるが「かわいい」し「面白い」。しかしそれだけでは十分でない。適当な言葉が見つからないのだが、あえて言葉にすれば「へんてこ」。ＭＯＢＡのキャッチフレーズにならって言えば

「無視するにはあまりにへんてこ」

絵そのものは単純なのに有無を言わせず迫ってくる力があり、どの絵も独自に新しい。そういったことを一語で表すなら、「へんてこ」ではどうだろうと思った。

本書では、幼児の描いた絵を多くの人たち（広くアートに関心のある人たちを含めて）に見てほしいと思い、私が集めた絵だけでなく、学術論文や百年前の研究書などからたくさんの絵を載せた。しかしその何倍も力をいれて書いたのは、子どもの絵についての発達心理学による説明と研究の歴史である。その際、絵の「変化」と「多様性（バリエーション）」に焦点をおいた。具体的に言えば、子どもの発達的変化であり、大人からのはたらきかけによる変化、そして時代や文化の影響による多様性、一人の子どもが一回の描画でうみ出す絵のバリエーションなどである。子どもの絵はちょっと考えると単純そうなので大した変化やバリエーションは生

じないように思うかもしれないが、実際にどうなのかは本書を見ていただきたい。そのような変化や多様性そのものが、発達心理学の関心を超えて、汲めども尽きぬ不思議さをもった一種のアートと言ってよいのではないかと思う。

目次

装幀＝新曜社デザイン室

1章　幼児の絵の発達——6人のケーススタディ

はじめに、6名の幼児が4歳前後から6歳にかけて描いたヒトの絵を紹介したい。その際、「獲得と喪失」と「個人内多様性」という二つの問題意識をもって紹介したいと思う。

人が生まれて老いるまでの発達・加齢について、読者はどのようなイメージをもつだろうか。大雑把に言って、人生の前半はいろいろなことができるようになったり多くの知識を得たりする「獲得（gain）」の時期であり、後半はいろいろなことができなくなり力が落ちていく「喪失（loss）」の時期だと考える人が多いのではないだろうか。しかし発達心理学がこの半世紀近く「生涯にわたる発達はどのようなプロセスか」を盛んに議論し、実験や調査を重ねた結果、人生のどの時期においても獲得と喪失の両方の側面が相伴って生じることが明らかになった[2]。

子どもの絵の発達で言えば、絵が「じょうずに」なっていくことは獲得の側面だと言ってよいだろう。その一方で、失われていくもの、低下する側面があるのではないか。そのような問題意識をもって絵を紹介していきたい。

二つ目は「個人内多様性」への着眼である。これも近年の発達心理学が見出した概念である。一般に多様性というときは一人ひとりの違い——つまり個人〈間〉多様性（inter-individual variability）のことをいう場合が多い。その際、個人については、たとえば心理検査であれば何回か検査や試行をして得られた得点を平均したりいちばんよい点数を採用したりして、パフォーマンスを一つの値で代表させることが普通である。しかし20年ほど前から、個人の〈中〉での得点のばらつきが、発達や老化の有力な指標になるのではないかと考えられるようになった[43]。これは、一人の個人の〈中〉でのバリエーション——「個人〈内〉多様性（intra-individual variability）」と呼ばれる。本書で子どもの絵の発達を見ていく際にも、子どもが一回に何枚も絵を描いた場合、その時点の描画発達をその中の一枚で代表させるのでなく、複数の絵を取り上げて、そのバリエーション——すなわち表現の幅に注目したい。それによって、描画発達に関して新たに見えてくることがあると思うのである[注1]。

この章ではこの後6人の子どもの絵を紹介する。ある幼稚園の二つの学年について、年少クラス（3～4歳）のときから年長クラス（5～6歳）までの3年間、年2回のペースで通って絵を描いてもらった。一人の子が最大6回、絵を描いたわけである。園内の小部屋に一人ずつ来てもらい、「おうちの人でもお友だちでも、誰でもいいからヒトの絵を描いてください」と教示をし、画用紙に鉛筆で描いてもらった。一枚描き終えたら「もっと描く？」と聞き、続けて描きたければ何枚でも画用紙を与えた。

1　頭足画から胴体のある絵へ

はじめに簡単なクイズをしていただきたい。図1－1の4枚の絵は、一人の女の子が4歳から6歳にかけて描いた絵を順不同に並べたものである。これらを発達の順番に並べるとどうなるだろうか。また、順番を決めるときにどんなことに注目しただろうか。少し立ち止まって考えていただきたい。

図１－１　クイズの絵

あきちゃん

幼児期のヒトの絵の発達的変化の典型例として、まずあきちゃんが描いた絵を紹介しよう。(以下、名前はすべて仮名である。また絵の縮小の比率は一定でない。)

①最初は4歳3か月のときの絵である。頭と胴体が分かれていないので頭足画(頭足人)と呼ばれる絵の一種である。ただしこの絵は身体の上の方に目鼻口が描かれているので、頭から手足が出ているという感じがあまりしない。尾が描かれているように見えるが、本人によると3本とも足だとのことである。

②4歳6か月のときの絵。実物はA4判のスケッチブックいっぱいに描かれ、迫力満点である。高校生や大学一年生に授業をするときに最初にこの絵を見せるのだが、たいてい笑い声がおこって教室がわく。子どもの絵の魅力を学生は瞬時に感じとるようである。

顔から直接手足が出ている典型的な頭足画である。額にしわが描かれるのは幼児では珍しい。髪の毛も少ないので、薄い頭髪を気にしだしたお父さんを描いたのかと思ってしまうが、自分自身を描いた絵だという。

③5歳になってすぐ、「お姉さん」(ア)と「お兄さん」(イ)を描いた絵。授業で先の絵に続いてこの絵を見せると、前の絵に劣らずうける。誰もが何かしら言いたくなる絵のようで、感想を言い合うおしゃべりがしばらくやまない。

まず大づかみなところで見ると、これまでと違って胴体が描かれており、スカートとズボンによって男女が描き分けられている。

もう少し細かく見てみる。胴体が微妙に傾いていたり顔がずれて胴についたりすることに加え、黒々と塗られた目や微妙に開いた口、袖の先に手がないこと、そして長い足が印象的である。「お姉さん」の方の足は、

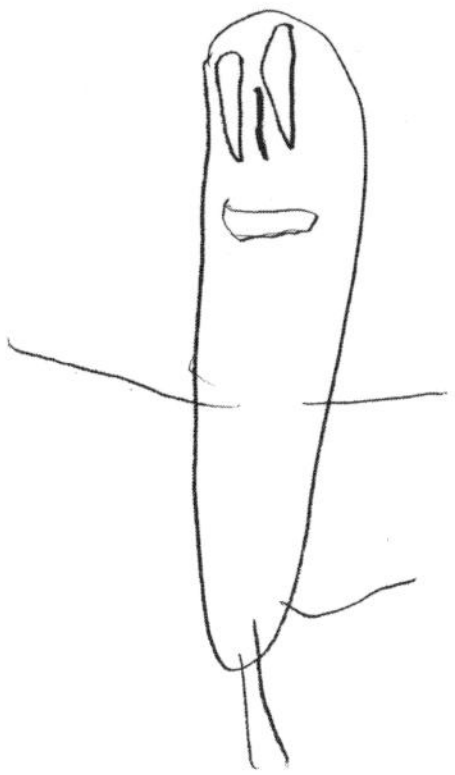

①　4歳3か月

②　4歳6か月

③ア　5歳0か月

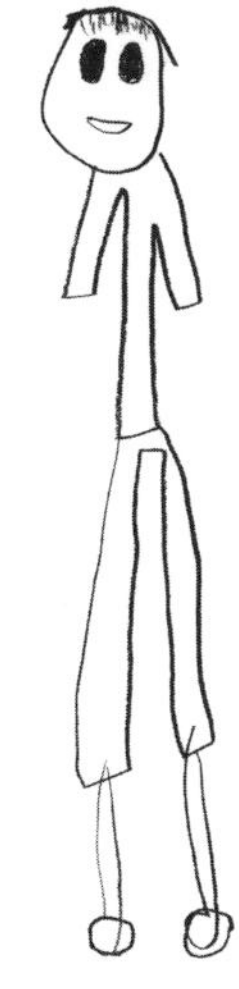

③イ　5歳0か月

図1－2　あきちゃん

④　5歳6か月

⑤ア　6歳1か月

⑤イ　6歳1か月

図1－2　あきちゃん（つづき）

二つの足それぞれが2本の線で描かれているが、向かって左の足は付け根が細くなっており、もう一方の足は逆に上の方が太もも っぽく見える。大人なら足は同じような平行線でそろえて描くだろうが、そういったことに無頓着に見える。前の頭足画（②）と趣が違うが、やはり大人にはちょっと描けない独特の味わいのある絵である。頭の両脇の髪の毛と前髪を描くところは前の頭足画と共通しており、確かに一人の子の発達過程なのだと感じられる。

④5歳6か月のときの絵。教室で③に続いてこの絵を見せると、たいてい「あ～」というため息のような声が一斉におこる。あえて言葉にすると「あ～わかりやすい絵になった」といったところだろうか。

髪の毛を前髪と両脇に描く描き方は同じだが、脇の髪の奥に耳が描かれ、目は笑っている。胴体（ベスト？）やスカートの線がはっきり描かれており、首や腕、足も並行に近い線で描かれている。あるべきパーツがより多く、また以前よりも整った形で描かれ、パーツ間のバランスもとれている。その意味で、絵が確かに「じょうずに」なっている。

⑤6歳になってまもなくの、「お兄さん」（ア）と「女の人」（イ）の絵。一年前（③）と比べると性別を描き分ける小道具（髪型や服の模様）が増えている。「お兄さん」の足は、途中で足の長さを長くしようとして描き足したあとがわかる。

後半の3枚の絵（④と⑤）を念頭におきつつ、はじめの4枚の絵（①～③）を改めて見てみよう。たとえば②の頭足画は、目や手足が左右でアンバランスであり、口も中心からずれていて曲がっている。③の2枚の絵も顔の付き方が胴体や足の軸からずれている。これらの特徴は未熟で稚拙といえば確かにそうなのだが、それだけでは片づけられないオリジナリティが感じられる。2年間の変化としていうなら、絵がじょうずになる一方で、そういった力強さや自由奔放な感じが少なくなっているように思える。

さて最初のクイズの答え。今紹介したあきちゃんの例を見てほぼおわかりと思うが、②－④－①－③というのが発達の順番である。

みさきちゃん

みさきちゃんは、初回に何枚も頭足画を描いた。描き方のバリエーション（多様性）の観点から見てみよう。

①4歳1か月。頭足画を5枚描いたうちの4枚を載せた。最初、テスターからの指示を受けておそるおそるという感じで描き始めた。1枚目（ア）は足があるが手は描かれていない。胴体と足だけの絵は頭足画のもっとも原初的な形態である。その後枚数を重ねるたびにだんだん絵が大きくなり、最後（エ）は画用紙からはみ出すくらいになった。あきちゃんの頭足画と同様、ダイナミックで力強い。

4枚のバリエーションに注目すると、描かれているパーツはほぼ同じである。縦線の瞳と、口より大きな丸い鼻が特徴的である。二つの目の間隔が離れて顔の上の方にあり、口が顔の下の方に描かれている点が共通しているために、どの絵も似た表情に見える。パーツの形や位置関係が一定しているという意味で、「型」があると言えるだろう。それはそれでかわいらしいが、描き方のバリエーションは大きくない。

②4歳6か月。胴体が描かれているが、手は顔から出ている。その手は直角に曲がっている。幼児が手を描くときは真横にぴーんと伸ばして描くことが多く、このように途中から折れ曲がった手は珍しい。縦線の瞳は前の絵と共通しているが、髪の毛やまつげ、耳、頬が加えられている。片方の目のまつげは頭を越えて伸びている。大きな頭に対して胴体部分が極端に小さく、足がひじょうに長い。あきちゃんの初期の絵と同じように、大人ではここまで〝突き抜けた〟絵はなかなか描けない気がする。

③5歳1か月。瞳が縦線から小さなマルに変わっている。長いまつげに髪の毛、肩パットがあるドレスを着

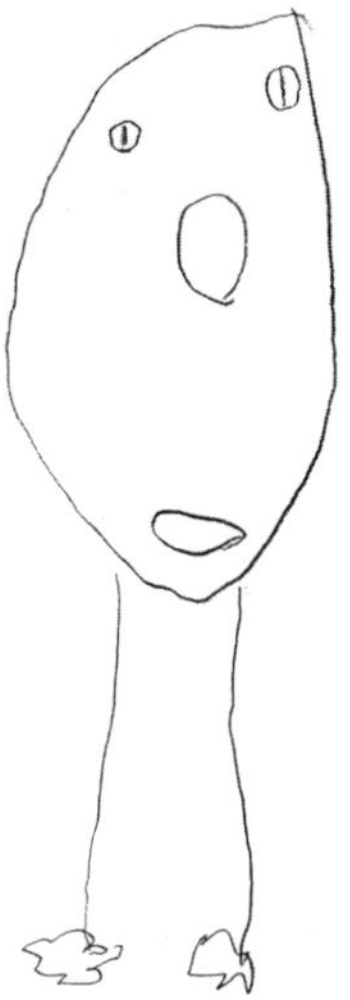

①ア　4歳1か月

①イ　4歳1か月

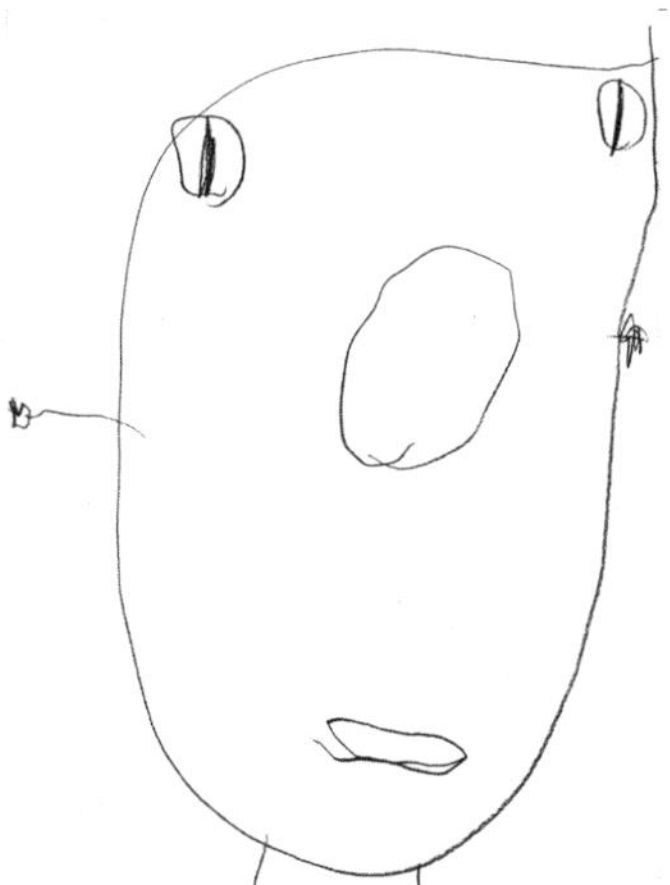

①ウ　4歳1か月

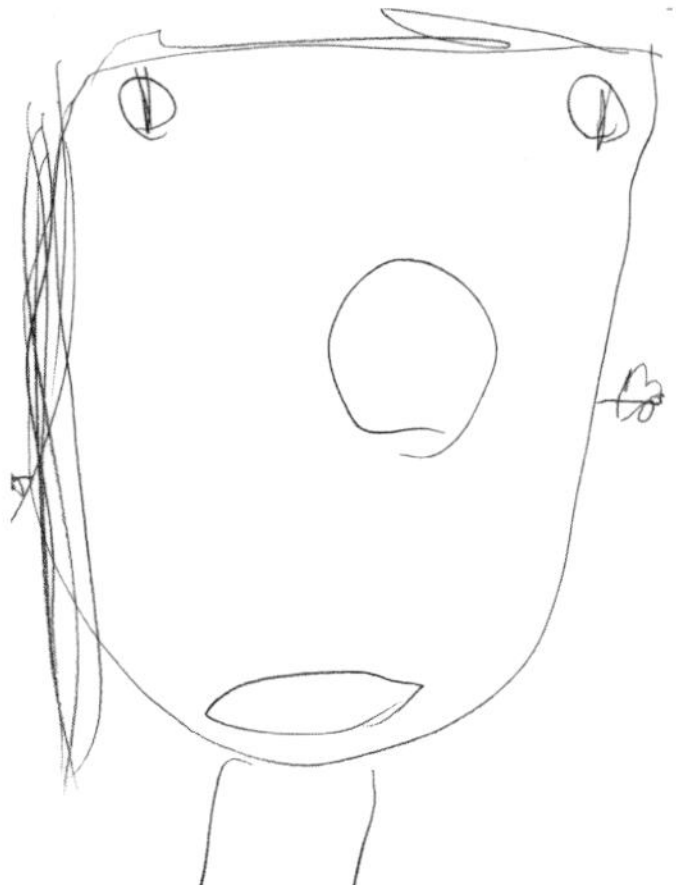

①エ　4歳1か月

図1－3　みさきちゃん

② 4歳6か月

③ 5歳1か月

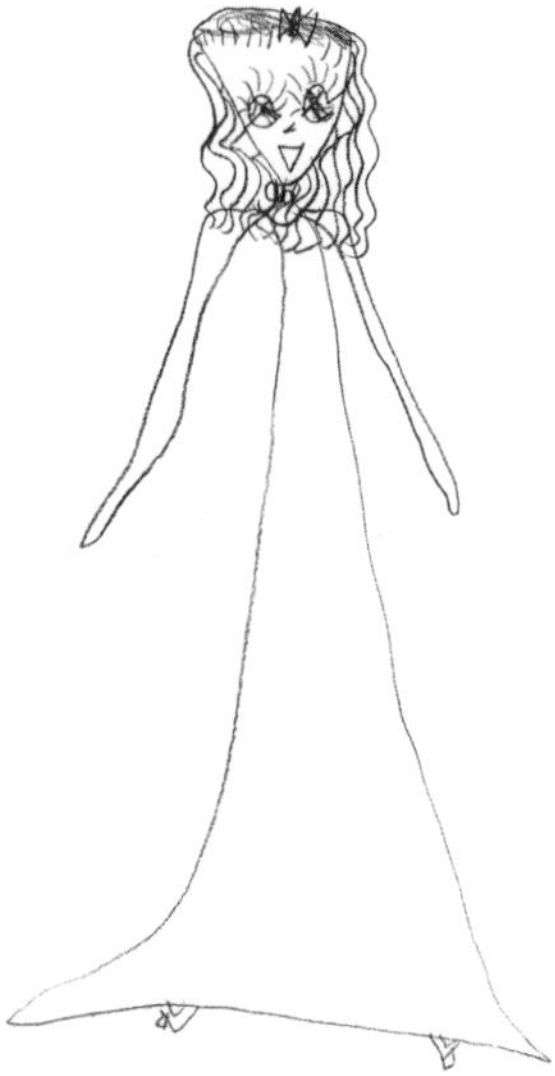

④ 5歳6か月

⑤ア 6歳5か月

⑤イ 6歳5か月

図1－3 みさきちゃん（つづき）

てハイヒールをはいている。首が描かれ、指も5本描こうとしたのだと思われる。全体として、自由奔放さが際立った今までと異なり、女の人をそれらしく描こうという意図と、そのためのスキルが備わっていることがうかがえる。

④5歳6か月。ママの結婚式の絵だという。ウェーブのかかった髪にリボン、瞳はかなり凝った線で描きこまれ、ネックレスとロングドレス、おしゃれな靴といったように、着飾った女性のパーツが満載である。あきちゃんと比べると「女性を描く」ことへの関心が強いようである。

⑤6歳5か月。ママの絵（ア）ともう一人女性の絵（イ）。目や口の形、髪型、服など、個々のパーツのレパートリーが増え、それらを使い分けることでさまざまな人を描けるようになっている。ただこの2枚は、頭や首の形、途中から上を向いた手など、身体全体の構造やポーズはほぼ同じであり、この子独特の「型」があると感じられる。

2　描き方のプランニング

すすむ君

3～4歳児に絵を描いてもらうと頭足画を描く子が多いが、次に紹介するすすむ君は、もう一段階前から始まった。絵の一部がなぐり描き（スクリブル）で描かれ、本来つながっているパーツどうしが少し離れて並置されている。

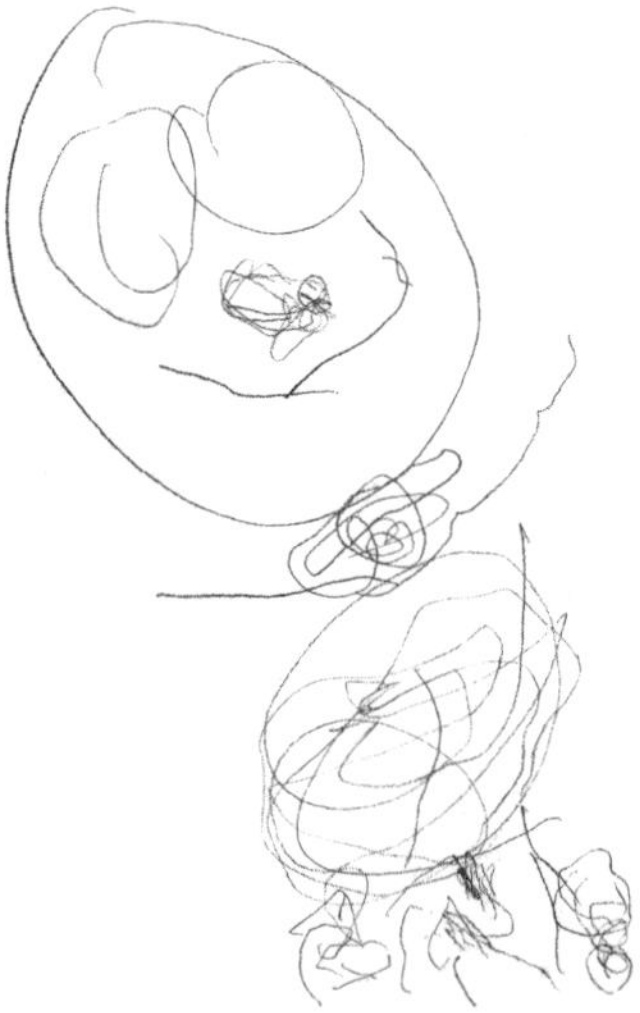

①ア　4歳4か月

①イ　4歳4か月

①ウ　4歳4か月

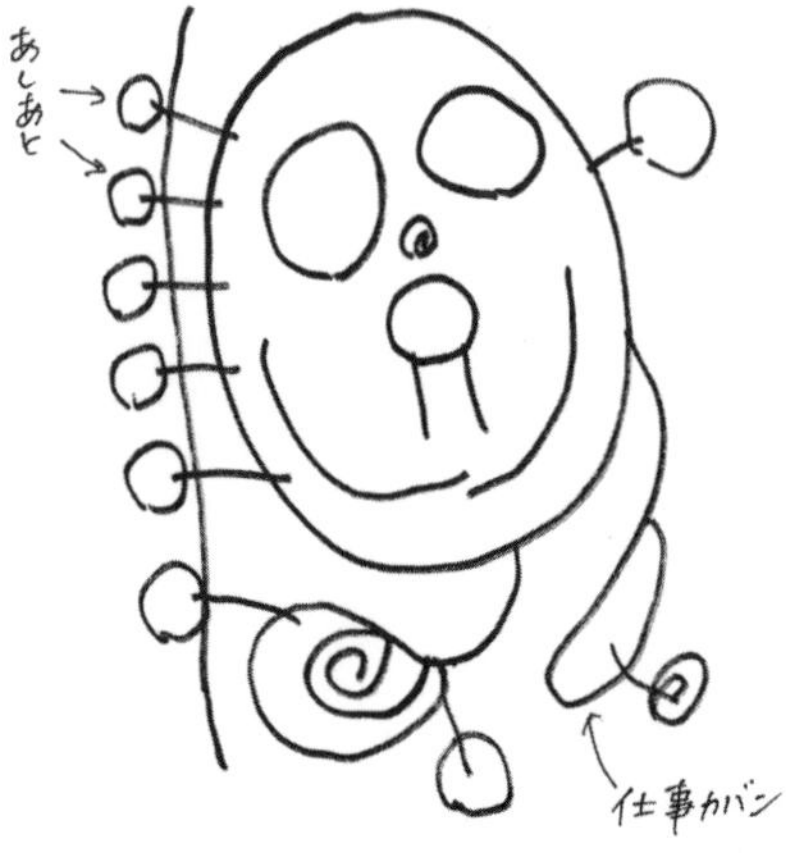

①ウの模式図

図1－4　すすむ君

①4歳4か月。活発に歌を歌ったりお話をしたりしながら描いた4枚のうちの3枚。（ア）は顔と胴体の間に首の部分がぐるぐるした線（なぐり描き）で描かれている。足の間に描かれているぐるぐるはズボンだという。足とズボンが別々の場所に描かれているわけである。次の絵（イ）はお母さんが料理をしているところで、ばんざいをしている形の向かって右の手の下にあるスクリブルは料理に使うおたまだという。お母さんは手におたまを持って「しじみ汁をつくっている」ということだが、手とおたまは離れて描かれている。これら2枚からわかるように、足にズボンをはいているとか、手におたまを持っているといった関係の表現に無頓着に描いていることがわかる。

このときの記録によると、絵は必ず絵描き歌をまねて歌いながら、鉛筆に力を加えずに、一筆で描くようにパーツをつなげて描く感じだったという。「説明はとまらないくらいしてくれる」というメモがある。説明をしているうちにイメージがわいて新たなパーツが加わっていったようである。

3枚目（ウ）はさらに興がのってきて「お父さんが仕事のカバンを持っているところ」から始まった。頭に対して胴体や足が左方向に大きくぐるりと曲がって描かれ、右に「仕事のカバン」が大きく描かれる（模式図を参照）。鼻の上には「梅干し」がスクリブルで描き加えられた。そして「お父さん」から「アリさんロボット」になり、画面左に縦に「あしあと」＝たくさんのマルが描かれた。「アリさんロボット」が歩いているイメージであろう。太い縦の線はやがて「歯みがきをごしごしするの」と説明された。

描画のスキルとしてはかなり幼いが、歌やお話にのせて高い構成力を発揮しているといえようか。絵という最終的な完成品に注目しがちだが、このときの描き手にとっては描き進んでいくプロセスこそが肝心だったのだろう。

②4歳7か月。典型的な頭足画である。顔の中に四つある小さなマルのうちの中央の二つが目で、両脇が耳だという。目の上に眉毛があり、目の下に縦線で鼻、その下に横の線で口が描かれている。「おうちで寝てい

② 4歳7か月

図1－4　すすむ君（つづき）

て、お化けが出てきてぼくを食べちゃうの・・・」とお話をしながら絵を描いた。

③5歳1か月。3枚の絵が描かれた。それぞれの描画プロセスに注目してほしいので、それがわかるよう描き順を示した。「ア」の1枚目（アー1）は、頭を描いた後、下に少し間隔をとって足を描き、それから頭と足をつなぐように平行線を描いた（アー2）。最後に手を描いた（アー3）。完成したものは頭足画だが、胴体を描く予兆を示す描き順である。次の「イ」では、まず頭を描いた後、1枚目と同様、スペースをとって足を描き（イー1）、次に頭と足をつなぐように胴体部分を三角形で描き（イー2）、最後に手を加えた（イー3）。3枚目の「ウ」では頭の次に胴体を描き、その後で手、最後に足をつけた。

これら3枚の間の描き順の変化は、頭足画から胴体のある絵への移行過程を示している。それを少し丁寧にたどってみたい。1枚目の描画（ア）で、頭を描いた後のスペースは、胴体を描くためのスペースであろう。それまで描いていた頭足画では、頭の下の部分からすぐ続いて足を描いていた。新たに胴体のある絵を描くためには、頭を描いた後に足ではないもの（胴体）を描き、その後で足を描く必要がある。つまり描画の認知過程の中のプランニング（planning）を変更しなくてはならない。プランニングとは、今していることの後に何をするかを前もって考える（プランする）ことである。すすむ君はここで、〈頭→足〉から〈頭→胴体→足〉へと一気にプランを切り替えたのではなく、頭を描いた後でいったん立ち止まり、足を描くところを下にずらすという変更をした。〈頭→足〉という基本的なプランニングは変えずに、足の描画を、いつもより下にずらして実行したのである。そして足を描いてから頭との間を新たな線でつないで完成させた。完成した絵

③ア-1　③ア-2　③ア-3　5歳1か月

③イ-1　③イ-2　③イ-3　5歳1か月

図1－4　すすむ君（つづき）

③ウ-1　③ウ-2　③ウ-3　5歳1か月

図1－4　すすむ君（つづき）

を見て、次は頭と足の間に閉じた形（三角形）を描こうと考えたのだろう。

2枚目（イ）も〈頭→足〉という順番はそのままにして、頭と足とを線でつなぐのでなく三角形を描いた。完成した絵を見て、頭を描いた後にすぐ胴体（三角形）を描けばよいということを理解しただろう。3枚目（ウ）では、〈頭→胴体→足〉というように、大枠の描き順の変更に踏み切った。胴体の二重線の三角形は、新しい描き方への描き手の確信を表しているかのようである。身体全体をそれまでと違う構造で描くプランニングの変更は、子どもにとって簡単ではないのだろう。それまでの自分の「型」を変更することだからである。すすむ君はいつもの描き方（型）を少しずつ変更し、次に描くときにはどのような順番で描けばよいかを確かめながら新しい絵へと変わっていったのである。[注2]

④5歳8か月。手足が一本線から、幅のあるものに変わった。

⑤6歳2か月。すぐには描き出さず、指を使って描き方のシミュレーションをしたり鉛筆で紙の幅を測ったりした。お母さんを描くことに決めて描き出す。最初は身体部分だ

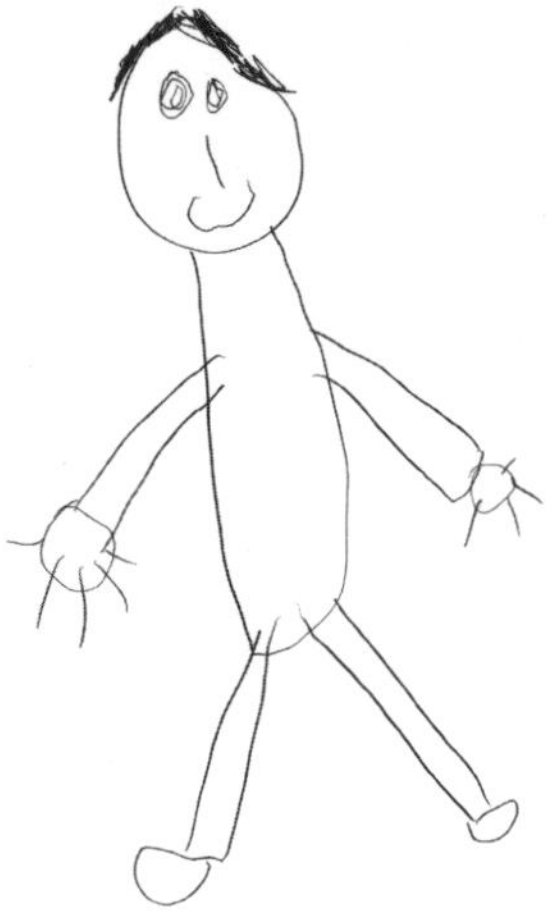

④　5歳8か月

⑤　6歳2か月

⑥ア　6歳7か月

⑥イ　6歳7か月

⑥ウ　6歳7か月

図1－4　すすむ君（つづき）

けを描いたが、「仕事をしているところにしよう」と言って、後からまわりを描き足した。

⑥6歳7か月に描かれた3枚。よく似た絵に見えるが、それぞれ「妹が遊んでいるところ」(ア)、「お父さんがお仕事に行くところ」(イ)、「お母さんがお料理をつくっているところ」(ウ)だという。顔のまるい形や胴体の四角形がきっちりと描かれ、手足が正確な平行線で描かれている。頭や手足の線が胴と接するところで、線が交差したりせずに丁寧に処理されている。全体のバランスがとれ神経の行き届いた絵である。3枚はほとんど同じように見えるが、描くのにかかった時間はそれぞれ3分、2分、1分であった。最初の絵をじっくり時間をかけて慎重に描き(子どもが描くにしても3分は相当長い)、完成させた絵を見本として、同じ描き方を次の絵でも試みたのであろう。プランニングそのものは3枚でほとんど変わらないが、最初の絵でそのプロセスを確認し、徐々に絵を描くのが早くなったということだろう。それにしても4歳初めのスクリブルの混ざった絵(①)と比較すると驚くべき変化である。2年あまりで、何によってこれほどの変化がもたらされるのかと思う。

あやちゃん

この子もみさきちゃんやすすむ君と同様、4歳のときに何枚も絵を描いた。まずそれに注目したい。

①あやちゃんは最初の時点(4歳5か月)ですでに胴体のある絵を描いた。一度に6枚描かれた。どの絵も手がとても大きく、くねっていたりさまざまな方向を向いていたりしてダイナミックである。楽しみながら描いたことがうかがえる。

少し分析的に見てみよう。胴体に対して袖がつねに直角に出ており(胴体と袖を合わせるとT字になっている)、そこからひねり出されるように手が伸びている点で6枚は共通している。また、顔の上半分に髪の毛が

①ア　4歳5か月

①イ　4歳5か月

①ウ　4歳5か月

①エ　4歳5か月

図1－5　あやちゃん

①オ　4歳5か月

①カ　4歳5か月

図1－5　あやちゃん（つづき）

あり目と口が顔の下の方に描かれている点は6枚のうち5枚に共通している。手の形や大きさがダイナミックに異なっているので見ていて面白いが、身体の構造的なプランニングはほぼ同じであり、この子の型とでも言うべきものを形成している。なお3枚目（ウ）は顔の中心に鼻があるように見えるが、そうではなく、閉じた目から大粒の涙が流れているところだそうである。

②4歳8か月。前回とほとんど同じパターンの絵である。胴体がT字でないことに気づいたような描き方の工夫がうかがえる。

③5歳3か月のときに描かれた3枚。顔や手足の描き方は4歳のときと似ているが、前の絵で破天荒にダイナミックだったポーズがややおとなしくなっている。

④6歳3か月のときに描かれた2枚。「友だちが小さいとき」の絵（ア）と、友だちの母親の絵（イ）。服の描き方などから、パーツの引き出しが多いことがうかがえるが、ここでは2枚の間でプランニングが異なる点に注目したい。まず母親（イ）の

② 4歳8か月

③ア 5歳3か月

③イ 5歳3か月

③ウ 5歳3か月

図1－5 あやちゃん（つづき）

④ア　6歳3か月

④イ　6歳3か月

⑤ア　6歳8か月

⑤イ　6歳8か月

⑤ウ　6歳8か月

図1－5　あやちゃん（つづき）

頭を見ると、前髪の上にもう一つマルを描いている（頭蓋を表すのだろうか）。前髪を描く段階で、その上にもう一つ輪郭線を描くことを考えて（プランして）おく必要がある。さらに女の子（ア）では首が描かれているが、その後に胴体（衣服）をどう描くかをあらかじめ考えておく必要があるだろう。これらは、単に新しいパーツを付け足したというだけでなく、身体全体のプランの途中に各パーツを組み込んでプランニングを修正したことを意味している。認知の発達がうかがえるだろう。

⑤6歳8か月の3枚。先の2枚ほどには身体のポーズの変化はないが、身体各部は3枚の間でかなり細かく描き分けられている。たとえば袖の長さは半袖、七分袖、長袖のようだし、足の部分も半ズボン、長ズボン、スカートである。各パーツの引き出しにあるものをいろいろ取り出して少しずつ違う絵を描いている。絵を描くことが好きなのだろうと思われる。なお手の指はどれも5本きちんと描かれている。さかのぼって見てみると、4歳のときからほとんどの絵で指が5本描かれている。幼児が絵を描くところを見ていると、独特のゆっくりしたリズムで描かれるが、手の指を数えながら描くことのできるようなスピードなのである。

3　バリエーションの広がり

ひろし君

①最初の3枚は3歳8か月のとき。頭と足だけからなるもっともシンプルな頭足画である。3枚はほとんど同じ絵に見えるが、1枚目が幼稚園で遊んでいるところ（ア）、次がお片づけをしているところ（イ）、最後がお母さんが料理をしているところ（ウ）だという。足の線が微妙にゆれているが、ゆっくりと丁寧に描かれた。

①ア　3歳8か月

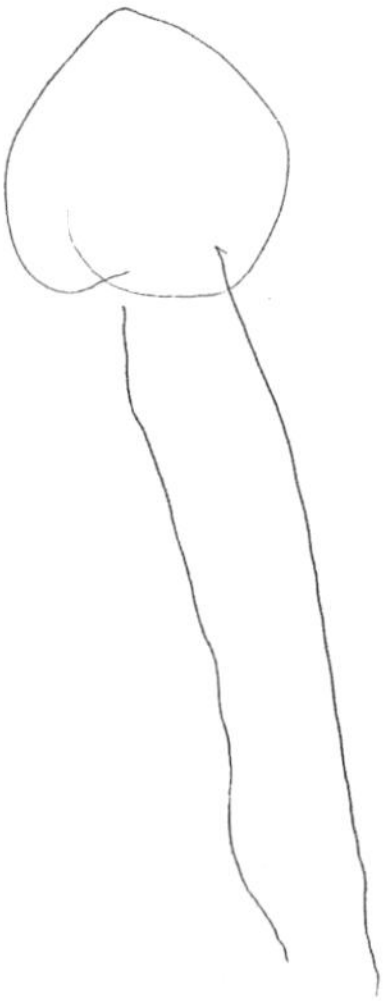

①イ　3歳8か月

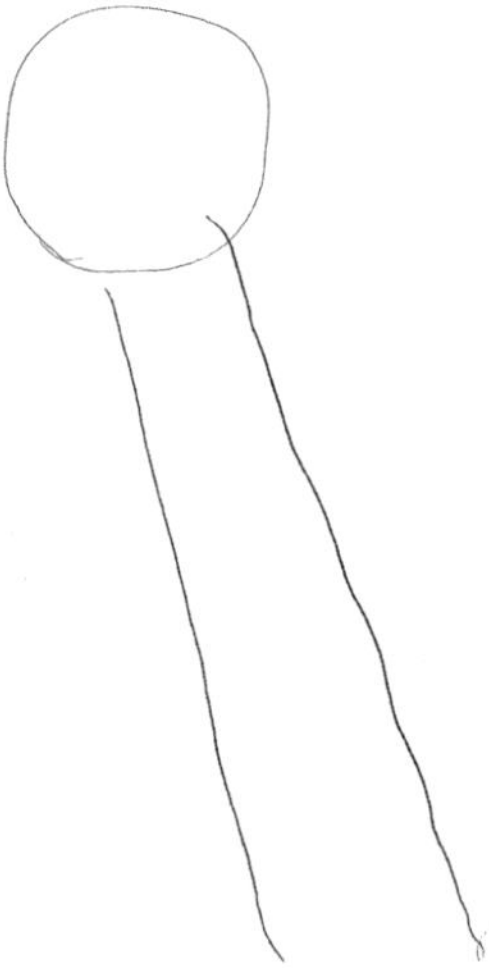

①ウ　3歳8か月

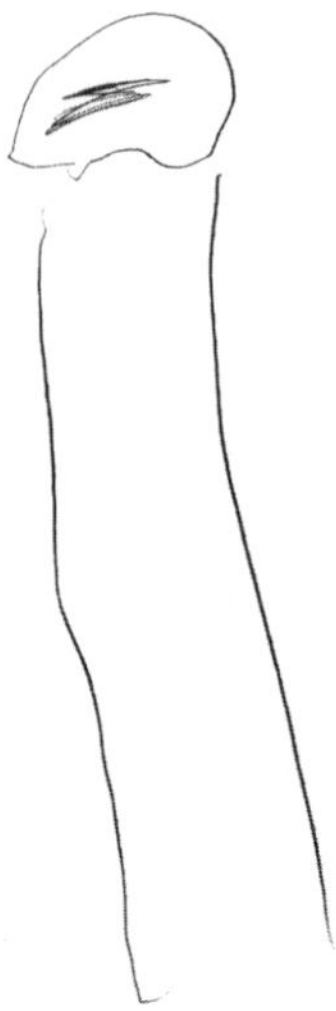

②ア　4歳0か月

②イ　4歳0か月

図1－6　ひろし君

③ア　4歳7か月

③イ　4歳7か月

④　5歳0か月

図1－6　ひろし君（つづき）

⑤ア　5歳7か月

⑤イ　5歳7か月

⑤ウ　5歳7か月

⑤エ　5歳7か月

図1－6　ひろし君（つづき）

「散歩しているような線」と形容される、幼児独特のゆらぎをもった線である。

②次の2枚は①から4か月たっているが、顔の中に小さなスクリブルが加わっただけである。授業で①に続いて②を見せると驚きの笑い声がおこる。とてもシンプルな頭足画が4か月たってもほとんど変わらないのが意外なのだろう。

③4歳7か月のときに描かれた2枚。絵はがらりと変わり、顔に目鼻が描かれ、大きな胴体があり、手には指が5本ずつ描かれた。授業では「お〜」というどよめきがおこる。①から②への変化の小ささと今回の変化の大きさの落差に、学生たちは驚くようである。

④5歳になってすぐの絵で、胴体が一筆描きで描かれている。授業では学生はこの絵に対してあまり反応しないが、描画の産出過程を考えると、一筆描きをするようになったことは大きな変化である。というのは、一筆描きは後からパーツで修正できないため、最初に全体の形をある程度イメージして（プランニングして）描き始める必要があるからである。

⑤5歳7か月の、続けて6枚描いた中の4枚。友だちが遊んでいるところ（ア）、ばんざいしているところ（イ）、大人が重たいものを持ち上げているところ（ウ）、最後はパパが海で魚釣りをしているところ（エ）。いずれも一筆描きをメインに描いている。腕が下を向いていたり上がって（ばんざいして）いたり、左右で違う動きをしていたりと、身体の姿勢がさまざまに描き分けられている。一筆描きは全体の輪郭を一気に描くことになるので、最初にイメージをもちさえすれば姿勢のダイナミックなバリエーションをつけやすいのかもしれない。

えみちゃん

最後に紹介するえみちゃんは、ひろし君とは対照的に、頭足画の段階からたくさんのパーツを描きこみ、それらをうまく統合する方向へと発達していった。

①4歳3か月のときに描いた「お母さん」の絵。頭足画は一般的に、顔に描きこまれる目鼻などのパーツは少ない場合が多いが、この絵は鼻の穴や耳の穴、眉毛などが細かく描きこまれており、一種独特の印象を与える。手足の指も5本ずつある。口の下にあるマルはあごだとのことである。

②4歳6か月のときの2枚。はじめは頭足画（ア）。まつげがあり、鼻の穴がある。口の下の曲線はあごだという。つまりこの絵には顔の輪郭線がないことになる。スペースがなくて身体が描けなかったので、もう一枚紙がほしいと言い、2枚目に描いたのが次の絵（イ）である。花の模様のある胴体（服）をはっきり描いている。袖の部分はそこに重ねて腕の線を描いている。レントゲン画と呼ばれる。

③5歳2か月のときの2枚。身体の各部がパーツごとに描かれている。手足の指が5本ずつあるが、指の一つ一つは単なる印のようで、「五つ」ということだけを表現したかのようである。袖やスカートと手足の線が重ねて描かれている点も、ヒトの絵を描くには何をどこに描けばよいかを確認することに主眼をおいているかのようである。

④5歳6か月。自分を描いた絵で、「ここには描いていないけどお父さんと一緒のところ」だという。服の襟やベルト、ハイヒールといった細かなパーツが描きこまれている。前の絵と違って、袖やスカートの部分はレントゲン画になっておらず、それらが終わったところから手や足が出ている。手や足を描く〈前〉に衣服の部分を描くというプランニングがなされているのである。この絵を見ると、③のレントゲン画は、このような

① 4歳3か月

②ア 4歳6か月

②イ 4歳6か月

図1－7 えみちゃん

③ア　5歳2か月

③イ　5歳2か月

④　5歳6か月

⑤ア　6歳1か月

⑤イ　6歳1か月

図1－7　えみちゃん（つづき）

⑥ア　6歳6か月

⑥イ　6歳6か月

⑥ウ　6歳6か月

図1－7　えみちゃん（つづき）

プランニングを獲得するための練習段階のように思える。③のような絵をたびたび描くうちに、袖口から手が出るようにするにはどう描けばよいかを考えたのだろう。

⑤6歳1か月。「私が大きくなったとき」(ア)と「小さい頃の私、だから今の私」(イ)。

⑥6歳6か月。楽しくお話をしながら描いた4枚描いたうちの3枚。最初の絵(ア)は1歳の赤ちゃんがペロペロキャンディーを手に持ち、「大きくなったら木に届きそうなスピードでブランコに乗りたいと思っているところ」だという。自分の家に赤ちゃんがいるわけではなく、想像して描いたという。短い髪やおしゃぶりなど赤ちゃんの特徴が描きこまれている。吹きだしの中のブランコをこいでいる人物の足の部分は、腰掛けている状態を正面から見たところ(腰のすぐ前に膝がある)を意図的に描いたとしたらすごいと思う。

2枚目(イ)は「私が小学校に入って三年生になってテニスをしているところ」。ボールがうなりをあげて飛んでくる方向に合わせ、そちらを向いた横顔と逆方向にたなびく髪の毛、そしてラケットを持った手の位置など、「横向きの人」に向けて個々のパーツの描き方が統合されており、そのためのプランニングはかなり高度である。画面左の縦の線はネットで、ボレーをしているところなのだろう。画面の右端から「ピー」とカタカナが書かれている。テニスの試合で聞く審判の笛だろうか。

3枚目(ウ)は「私が風邪で休んだときに行った病院の看護婦さんが他の女の子に注射をしているところ」。右にいるのは母親だという。上の方には「しんさつこーなー[ちゅうい]」と書かれている。「女の子」が本当にこのような姿勢で注射をうたれていたのかはわからないが、自由闊達な絵である。この描き手はきっと、描きたいと思ったものを何でも描けると考えているだろう。

4　まとめ

6人の幼児の描画発達を「獲得と喪失」、「個人内多様性」の観点からまとめてみよう。まず「獲得と喪失」。最初にしてもらったクイズで、一人の子どもの描いた絵の発達の順番を考えたときに、読者はどのような点に注目しただろうか。

ほとんどの人は頭足画を4枚の中でいちばん幼い絵と考えただろう。残りの3枚については、顔の中の目鼻の位置や頭と手足や胴体などの関係がバランスよく正しく描けている絵ほど発達が進んだ絵と考えた人が多かったのではないか。一言でいうなら、ヒトらしく「じょうずに」描けている絵ほど後の年齢の絵だと考えたのではないか。

百年ほど前、子どもの描くどんな絵がどのような点で「じょうず」なのかを分析し細かく項目化した心理検査が、フローレンス・グッドイナフによって考案された[30]（Draw-A-Man test）。彼女は描画技能は知能と相関すると考え、言葉に頼る知能検査のかわりに子どもの知的発達を測定するものとして人物画検査を開発した。一項目1点とし、正しく描けているものを加算して得点を出す。得点が高い絵ほど「じょうずに」描けていることを表すので、描画技能の「獲得」の程度を測る尺度ということになる。6人の絵をこれにしたがって得点化すると、どの子も加齢による得点の増大がかなりはっきりしている。次の章で改めて触れることにする。

さてじょうずになるという「獲得」の側面がある一方で、年齢が進むにつれて失われていく側面についてはどうだろうか。発達が進んだ後半の絵は、全体にバランスがとれ安心して見ていられる安定感がある一方で、子ども独特の魅力やインパクトが小さくなり、一種の物足りなさが感じられたのではないか。つまり子どもの絵には、じょうずになるというのとは別の軸――それも年齢とともに低下する軸――があるのではないか。そのことを明らかにするために、6人の絵の発達的変化を大学生に印象評定してもらった。その調査結果を次の章で報告したい。

次に、一度に何枚も絵を描いたときの絵のバリエーション――個人内多様性についてであるが、プランニングという認知過程に焦点をおいてみると、かなりはっきりした発達の変化がうかがえるように思う。3〜4歳のバリエーションは、個々のパーツの形や描き方が異なることがあっても、身体構造（ポーズ）にかかわるプランニングはほとんど変わらなかった。それによってその子独自の「型」があると感じられた。具体的に言えば、みさきちゃん、あやちゃん、ひろし君の初回の絵がその例である。発達とともに、構造的なプランニングが一通りでなくなり、異なるプランニングによってはっきり違ったポーズが描き分けられるようになった。最後で見た二人――ひろし君とえみちゃん――では、そのことがよくうかがえる。

幼児期を通じて個人内多様性が見られるが、4歳と6歳とではその中身は異なっている。頭足画の段階や胴体を描くようになったばかりの頃は身体全体のプランニングを変化させて異なる姿勢を描き分けることがむずかしいが、6歳にかけて大きく発達すると言えるだろう。個人内多様性については、子どもの学習や理解の発達全体に話を広げて9章で再び取り上げる。[注3]

2章　描画発達の「獲得」と「喪失」

6人の子どもの絵の変化を見て、多くの人は、年齢が上がるほど絵がじょうずになる一方で、子ども独特の自由奔放さが薄れておとなしい絵になっていくと感じたのではないか。そのことをもっと客観的に調べるために、絵から受ける印象を多数の大人（大学生）に評定してもらった。この章ではその結果を紹介する。

1　子どもの絵の印象調査

(1) 調査の方法

調査では同じ一人の子の絵4枚を一セットとする質問紙をつくり、大学生に印象評定をしてもらった。その際、絵を発達順でなくばらばらに並べるとともに、同じ子の絵であることを知らせなかった。つまり発達的変化という文脈を回答者に与えずに、絵の印象を定量的に評定してもらったのである。みさきちゃんを例にすると、①（4歳1か月）、②（4歳6か月）、④（5歳6か月）、⑤（6歳5か月）の4枚をこの順ではなくばらばらにし、絵ごとに共通の31個の形容詞をつけたものを一セットとした。形容詞は「ひじょうにそう思う」から

「全くそう思わない」まで、5段階で回答してもらった。

回答者の視点から質問紙の構成を具体的に書くと、次のようになる。回答者は同じ子の絵4枚からなる一セットの質問紙を受け取る。一枚の左半分には絵が原寸大でコピーされており、右半分には「丁寧な」とか「力強い」などの形容詞が、「5　ひじょうにそう思う」から「1　全くそう思わない」という評定尺度がついて31個並んでいる。つまり回答者は絵一枚ごとに、共通の31の形容詞について評定を行うのである。上述したように、絵は発達の順でなくばらばらの順番に配され、4枚が同じ子の絵であることは質問紙に記載されていない。

回答者数は、一セットあたり52〜59名で、全部で339名であった[注4]。

（2）調査の結果

はじめに評定結果の因子分析を行った。因子分析とはこの場合、339名の評定データにもとづいて、31の形容詞を似たものどうしに分類することである。分析の結果、巧緻性、親しみにくさ、躍動感、かわいらしさ、幼さ、ユニークさという六つのグループ（因子）に分けられた。

- 「じょうずな」「丁寧な」「安定した」「写実的な」など7項目は、絵がじょうずかどうかという項目群だと考えられるので「巧緻性」の因子とした。
- 「暗い」「つめたい」「無表情な」など8項目は、どこかなじみにくく違和感があるといった感じを表すと考え「親しみにくさ」の因子とした。
- 「躍動感のある」「リズミカルな」「天真爛漫な」など7項目は「躍動感」因子とした。

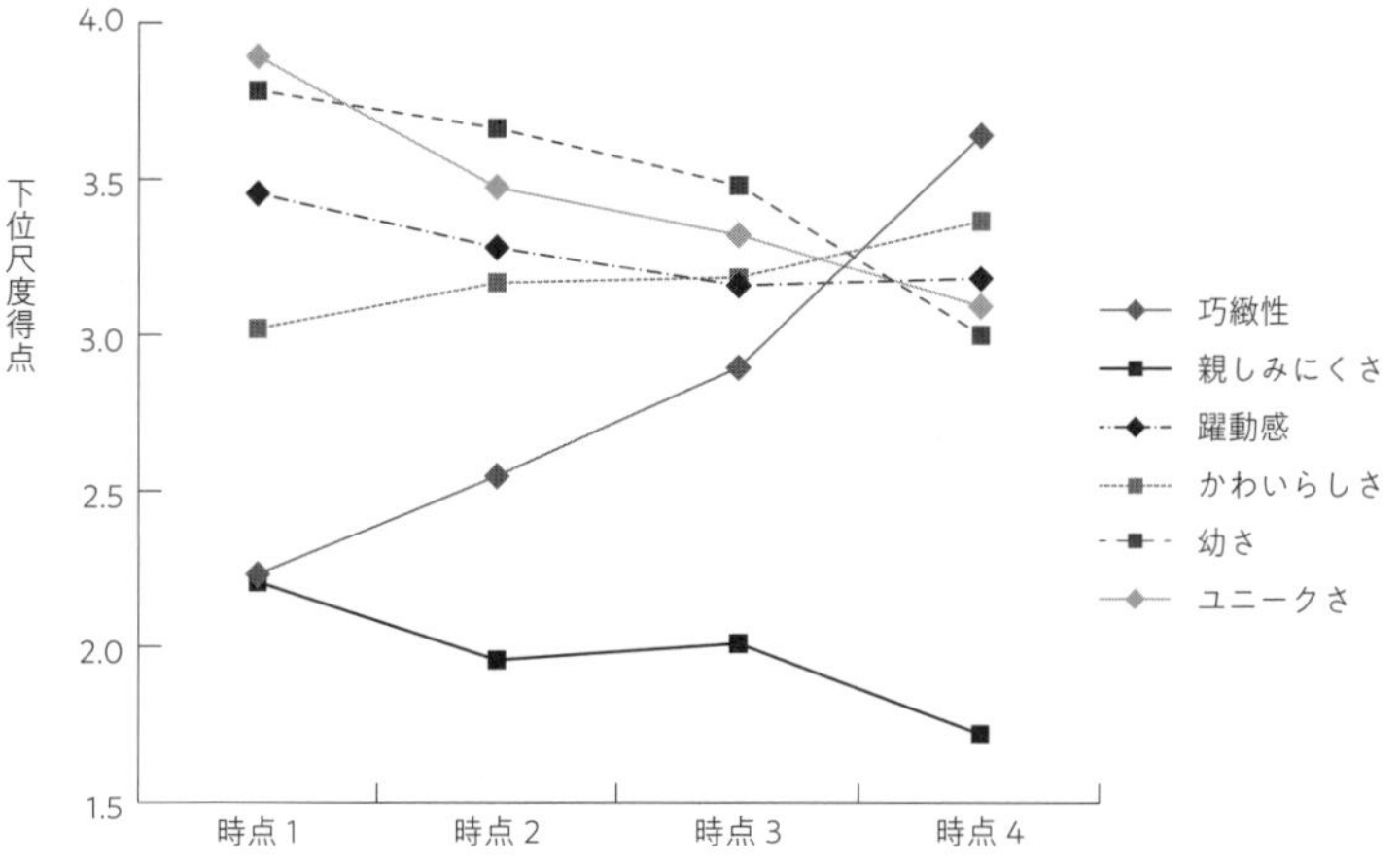

図2－1　印象因子の発達的変化

- 「かわいらしい」「ふんわりした」「ここちよい」など4項目からなる因子は「かわいらしさ」とした。
- 「おさない」「単純な」など3項目からなる因子は「幼さ」とした。
- 「味わい深い」「個性的な」の2項目は「ユニークさ」の因子とした。

これら六つの因子について、6人の絵の分析結果を示す。横軸を4回の描画機会（低い年齢から高い年齢へ時点1、時点2、時点3、時点4）とし、六つの下位尺度得点の平均値をグラフにしたものが図2－1である。増加（右上がり）は「獲得」、減少（右下がり）は「喪失」する特徴を捉えたことになる。

あわせて下位尺度得点の間の相関を、グッドイナフ得点（絵の「じょうずさ」を示す客観的指標）と年齢（月齢）も加えて表2－1に示した。相関とは、ここでは一方の得点が高くなれば他方も高くなること（正相関）、あるいはその逆（負相関）である。相関係数と呼ばれる数値の絶対値が1に近いほど両者の増減の関係がはっきりしていることを意味し、ゼロに近いほど関係が小さいことを表す。今回の結果では相

表２－１　絵の印象の６因子、グッドイナフ得点、年齢の相関

	巧緻性	親しみにくさ	躍動感	かわいらしさ	幼さ	ユニークさ	グッドイナフ得点	年齢
巧緻性	—	-0.311	0.08	**0.414**	**-0.503**	-0.05	**0.546**	**0.564**
親しみにくさ		—	**-0.421**	-0.364	0.245	-0.072	-0.342	-0.269
躍動感			—	0.265	0.038	**0.488**	0.032	-0.106
かわいらしさ				—	-0.018	0.205	0.184	0.194
幼さ					—	0.154	**-0.452**	**-0.403**
ユニークさ						—	-0.264	-0.34
グッドイナフ得点							—	**0.899**
年齢								—

関係数の絶対値が０・１以上はすべて統計的に有意であったが、表では絶対値が０・４より大きい相関係数を太字にした。それらはかなりはっきりした正相関、負相関を表している。

2　発達における「獲得」と「喪失」

(1)「獲得」の側面

グラフには右上がりと右下がりの折れ線があるが、まず右上がりの線が表す「獲得」の特徴を見てみよう。

ひときわはっきりした右上がりのグラフが「巧緻性」である。年齢（月齢）との相関は六つの因子の中でもっとも高く（0.564）、年齢が上がるほど絵がじょうずになるという感じを裏づけている。グッドイナフ得点との相関もかなり高い（0.546）。巧緻性の客観的指標といえるグッドイナフ検査得点との相関が高いという結果は、私たちが子どもの絵がじょうずだと感じる印象は、上述したようなパーツの数や形、パーツ間の関係などに由来する面が大きいと言ってよいことになる。

子どもの描く絵は総じてかわいらしく見えるが、「かわいらしさ」

の評定結果はどうだろう。図2－1を見ると平均値は上昇しており、年齢との相関はかなり低いものの一応正の相関である（0.194）。つまり、年齢の高い子の絵ほどかわいらしいと感じられるということだ。他の印象因子との関係を見ると、幼さとの相関はほとんどないと言ってよい。つまり幼い印象とかわいらしさの印象とはほとんど関係しない。一方、巧緻性との相関は高い（0.414）。パーツがある程度描きこまれバランスのとれた絵ほどかわいらしいと感じられるということだ。パーツなどを描きこむ傾向は年齢が上がるほど顕著になるから、この結果は年齢とかわいらしさとの正相関と整合的である。

質問紙に使った絵のうちで、かわいらしさの得点が特に高かったのは、あきちゃんの⑤、ひろし君の⑤、えみちゃんの⑤で、どれも5歳後半から6歳にかけての絵であった。

（2）「喪失」の側面

子どもの絵は発達とともに「じょうず」になり「かわいらしい」絵になることが「獲得」の側面であるとすると、「喪失」の側面――グラフの上で右下がりの変化――はどうだろう。図2－1で右下がりの折れ線は四つある。このうち「親しみにくさ」の低下は、「親しみやすさ」が上昇するということなので、むしろ「獲得」の側面に含められるだろう。「幼さ」については、巧緻性（－0.503）、グッドイナフ得点（－0.452）、年齢（－0.403）と高い負相関があることから、巧緻性が上昇することの裏返しとみなしておく。

残った「ユニークさ」と「躍動感」を検討しよう。ユニークさは、年齢との相関が－0.34であり比較的高い負相関である。「個性的な」と「味わい深い」からなる因子であり、1章で、3～4歳の絵の多くが独特の魅力をもっていると感じられたことと整合するだろう。他の印象因子との相関を見ると、巧緻性とほぼ無相関であり（－0.05）、幼さとの相関も小さい（0.154）。したがって単に年齢の低い子が描いた素朴な絵がユニークと感じられるわけではない。ユニークさと唯一高い相関を示したのは躍動感である（0.488）ことから、年少の子がのびのびとダイナミックに描いた絵がユニークと感じられると考えてよいだろう。質問紙に使った6人の中でユニークさの得点がもっとも高かったのは、ひろし君の②（！）であり、他にあきちゃんの②、みさきちゃんの①、えみちゃんの②（胴体のある方）であった。4枚とも4歳前半に描かれた絵であり、3枚が頭足画だった。

躍動感は、ユニークさほど年齢による低下が大きくない（相関は－0.106）。グッドイナフ得点との相関はほとんどない（0.032）ことから、パーツの数やバランスのよしあしとは関係しないようである。巧緻性、幼さとの関係もほとんどない。つまりつたない絵ほど躍動感が感じられるわけではないし、幼い絵ならば自由奔放な感じがするというわけでもない。躍動感の印象は、ユニークさと関係があるほかは、かなり独特の次元のようである。

以上の分析から、幼児期の絵の発達変化には、じょうずでかわいらしい印象をもつことに代表される「獲得」の側面がある一方で、個性的でダイナミックな側面がだんだんと小さくなる「喪失」の側面があることが明らかになった。

3章　子どもの絵はなぜ変わるのか

　ここまでの二つの章では、子どもの絵が幼児期に大きく発達する様相を見た。子どもの絵はなぜ変化するのだろうか。

　2章での分析の結果、変化が特にはっきりしていたのは巧緻性であった。グッドイナフが分析したように、それを構成するものはパーツの数とそれらの関係である。いくつものパーツをバランスよく配置して絵を描くには、プランニングに代表される認知機能（いわゆる実行過程）の発達が必要である。幼児期は言葉をはじめ広範な認知機能が発達する時期であり、それが描画では巧緻性の発達（獲得）として表れるのである。

　しかし頭足画から胴体が出現する際の発達に焦点をあてると、それはグッドイナフの理論がいうような、単にパーツが一つ加わるというだけではない、もっと質的な変化のように思える。頭足画を描く子が胴体を描こうと思って描けるようになるには、確かにプランニングの発達が欠かせないだろう。しかしそもそもなぜその子が胴体を描こうと思うようになるのかは、プランニングの発達では十分説明できない。逆に言えば、子ども独特の頭足画は単なるプランニングの未発達――幼児の未熟さや稚拙さの表れ――というだけでは説明できないと思うのである。ここからは、幼児にとって頭足画はどのような意味をもつのかに焦点をあてたい。

　5章で詳しく述べるように、19世紀の終わりに欧米で子どもの絵が初めて学術的な関心を集めたとき、研究者たちがもっとも不思議に思い、注目したのは頭足画だった。子どもがなぐり描きを脱し、大人が見てもヒトだとわかるものを描くようになって最初に描くものが、胴体がなく頭から手足が出ている絵であることは現代に至るまで変わらない。子ども自身もまわりの人間もみんな胴体があるのに、なぜ子どもは胴体のない絵（頭足画）を描くのだろうか?——これに対する確たる答えは実はまだ出ていない。ここでは、頭足画を描く子に胴体のある絵を描くよう促してみる試みから、子どもが頭足画を描く意味を考えてみたい。

1　頭足画の実験心理学

(1) 胴体のある「お手本」を示して描いてもらう

ある3歳の女の子がクレヨンでこんな頭足画を描いた（図3－1）。某おもちゃメーカーのキャラクター「キキ・ララ」の絵だという。ご存知の方が多いと思うが、もちろんキキ・ララには胴体がある。この子はいつも目にしているお気に入りのキャラクターを描いたのだが、胴体が描かれていない。（彩色された絵をモノクロコピーしたので顔の輪郭がわかりにくいが、大きな口の下にあごのあたりの輪郭が描かれている。）実物の人間でなく、もともと絵であるキャラクターを描くときでさえ胴体を描かないということは、幼児にとって頭足画を描く傾向がかなり根強いことをうかがわせる。ふだん頭足画を描いている子に胴体のある絵をお手本として示し、「これと同じように描いて」と教示したら、どのような絵を描くだろうか。そのときは胴体のある絵を描いたとしても、その後、一人で絵を描くときにも胴体を描くようになるのだろうか?　お手本通りに描くよう促すはたらきかけは、子どもの絵を変えることができるだろうか?

先に結論を書くと、そのようなはたらきかけは大きな効果をもたない。胴体のある絵を見せても必ず胴体を

図3－1　キキ・ララを描いた頭足画

描くとは限らないし、いったん胴体のある絵が描けたとしても、実験が終わればすぐまた頭足画を描く場合が多い。

　イギリスのモリーン・コックスが行った実験[11][12]によれば、頭足画を描く22人の子どもに胴体のある絵を見せ、それと同じように描くよう（英語では "copy" するよう）指示したところ、胴体を描いたのは12人であり、2日後に再び絵を描いてもらったときにはそのうち7人が頭足画に戻ったという。つまりお手本を見て胴体のある絵を安定して描くようになったのは、22人中5人だけだった。

　胴体のあるお手本を示されて子どもたちは実際にどのような絵を描くのだろう。そのときは胴体のある絵が描けたとして、その後はどうなるのか？　頭足画を描く幼児のいる3人の知り合いに依頼してコックスと同じ実験を自宅で試してもらった。その結果を紹介しよう。

　以下、それぞれの子について、①子どもが実験前に描いていた絵、②母親が示したお手本、③それを見て子どもが描いた絵、④以降は実験の翌日以降に描かれた絵を示す。

(a) けいた君

実験の1か月前（3歳8か月）に描いた頭足画（図3－2①）

① 実験前の頭足画（3歳8か月）

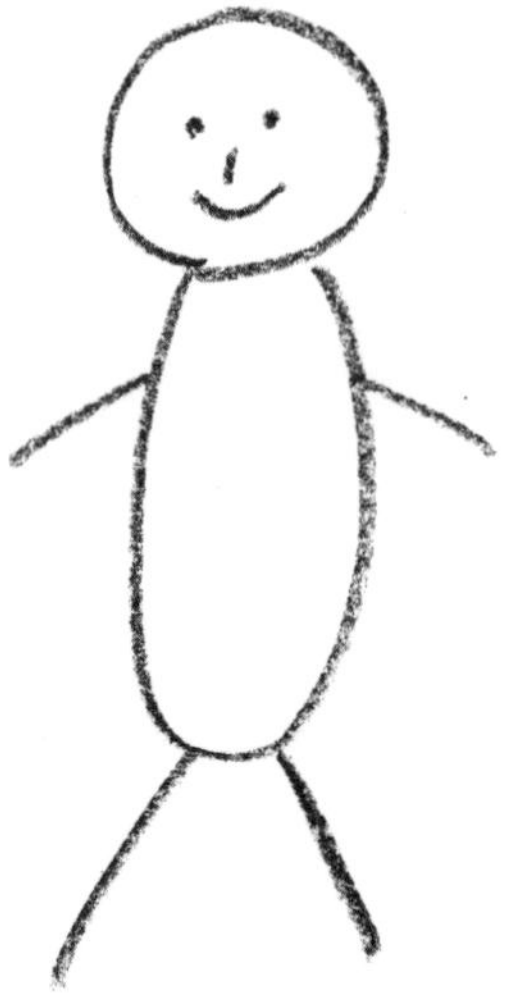

② ママの描いたお手本

③ お手本を見ながら描いた絵（3歳9か月）

図3－2 けいた君

④ア　実験から1週間後

④イ　実験から1週間後

⑤　実験から2週間後

⑥　実験から3週間後

図3－2　けいた君（つづき）

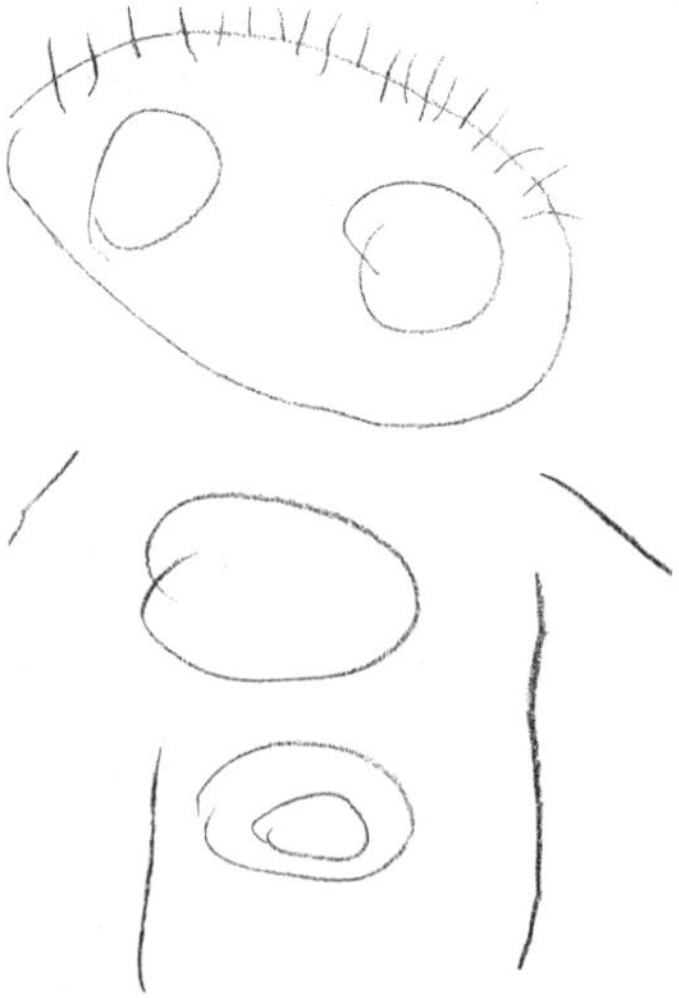

⑦　実験から３か月後（4歳０か月）

⑧　実験から４か月後（4歳1か月）

⑨　実験から7か月後（4歳４か月）

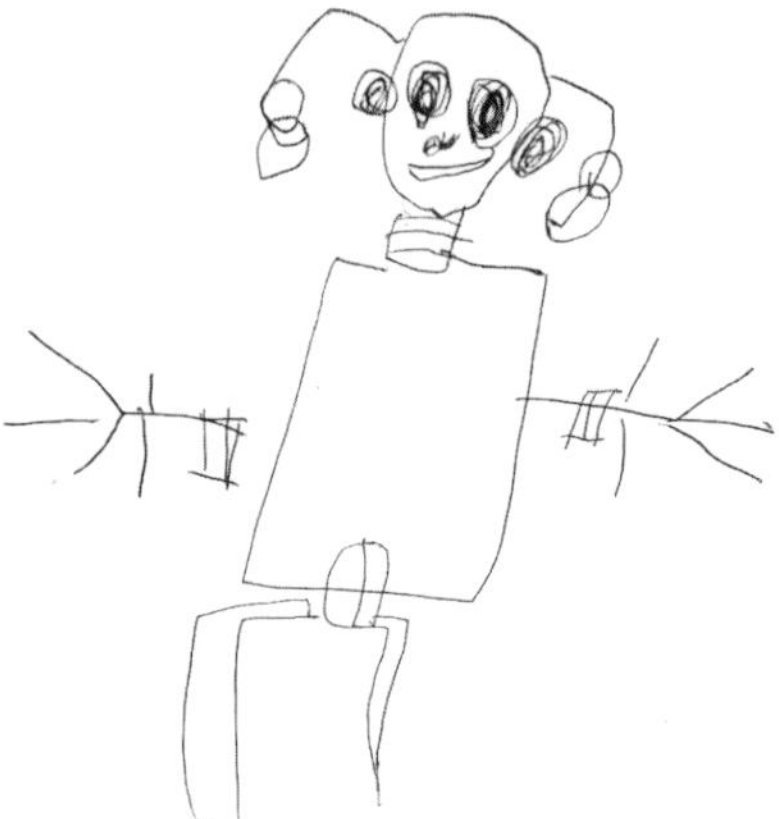

⑩　実験から１年2か月後（4歳11か月）

図３－２　けいた君（つづき）

はザ・頭足画と言っていいような典型的なものである。実験ではママの描いたお手本（図3－2②）を見て、最初に頭から縦に2本の線を引いたことがわかる（図3－2③）。ここまではいつも描いている頭足画である。しかしその下にさらに線を描き足し、最初の縦線のところに戻って手をつけた。最初の縦2本は胴体にあたると思われるが、閉じてはいないので頭足画に分類される。

実験の一週間後に描かれた絵（図3－2④ア・イ）は2枚とも頭足画である。ただし手がつけ加わっている。さらにその一週間後に描かれた図3－2⑤は頭の下に胴体がイメージされているかのような空間がある。さらにその一週間後に描かれた図3－2⑥ではいちばん上に目鼻があり、その下の横線が口、その下の横線はスカートだという。スカートを描いたということは、胴体の一部を描いたということである。一週間前の絵（図3－2⑤）で顔の下に胴体がイメージされ、ここへきて横線で具現化されたのかもしれない。

図3－2⑦は実験から3か月後に描かれた（けいた君は4歳0か月）。頭の下にあるマルは「おっぱい」、その下の二重円の外側が「おなか」、内側が「おへそ」だという。図3－2⑧はその翌月に描かれた。顔の中の四つのマルは、上二つが目、下二つが鼻だという。胴体は描かれておらず、手と足の先に指が描かれている。

図3－2⑨は実験から7か月あまりたっており、描き手は4歳4か月。胴体が描かれているが、それがはっきりした四角形である点が重要だと思う。というのは、今までの絵はほとんど線とマルだけを使い、身体の各パーツの場所にマルを置いていくように描かれていたのに対して、この絵では各パーツが視覚的にそれらしい形と大きさで描かれているからである。

図3－2⑩はさらにそれから7か月後、描き手が4歳11か月のときの絵である。四角形を含め多様な形が使われている。口が半開きのように描けたことで、なにやら表情が表れている。けいた君はこの頃クレヨンしんちゃんが好きで、足の付け根に描いたのは「お尻」だという。身体の前と後ろがいっしょに描かれていることになる。

①ア　実験前の絵

①イ　実験前の絵

図３－３　のぞみちゃん

② ママの描いたお手本

③ア お手本を見ながら描いた絵（2歳11か月）

③イ 実験直後

④ 実験から4日後

図3－3 のぞみちゃん（つづき）

(b) のぞみちゃん

のぞみちゃん（2歳11か月）はふだんは顔だけを描くことが多かった（図3－3①ア・イ）。ママが手足を強調しながら描いたお手本（図3－3②）に対して、ピンクのチョークで胴体と手足のある絵を描いた（図3－3③ア）。すぐ続けて別の紙に描き始めたのは頭足画であった（図3－3③イ）。その4日後の絵（図3－3④）は、再び顔をたくさん描いた。中に一つだけ頭足画がある。ママの絵を見ていったんは胴体のある絵を描いたが、それに移行するわけではなく、再び顔だけの絵や頭足画を描いている。

(c) はるかちゃん

図3－4①は実験の4日前の頭足画である（2歳10か月）。ママの描いたお手本（図3－4②）に対して胴体のある絵を描いた（図3－4③）。かなりがんばって描いた感じが伝わってくる。しかし翌日に描いた3枚は頭足画であった（図3－4④ア～ウ）。

図3－4⑤アからオはその2か月後に描いた6枚のうちの5枚。手足が幅をもって描かれていたり猫になっていたり、頭足画にバリエーションをつけて楽しんでいるように見える。

図3－4⑥の3枚は、さらにその3か月後に描かれた（3歳3か月）。胴体が加わり、自分と母親、父親を描いた。どの絵が誰かは見当がつくであろう。よく見ると、これらの絵はほとんど線とマルだけで構成されている。3歳前半でもマルの大小、長短でこれだけ豊かなバリエーションをつくり出せるのである。

また3枚とも鼻が三つの部分からなっていて面白い。この子の中で鼻はどのような造形的イメージをもっているのだろう。肩の部分には小さな弧がマークのように描きこまれている。本人によると、肩がないと腕が動かないから描いたとのことである。

この直後はるかちゃんは幼稚園に入った。少し話がそれるが、入園して半年あまりたった頃に描かれた4枚

①　実験前の頭足画

②　ママの描いたお手本

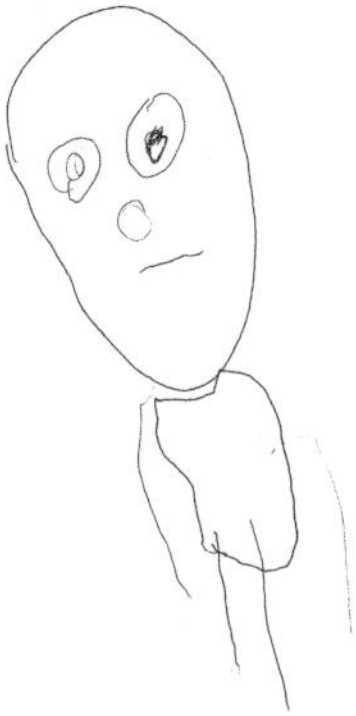

③　お手本を見ながら
描いた絵（2歳10か月）

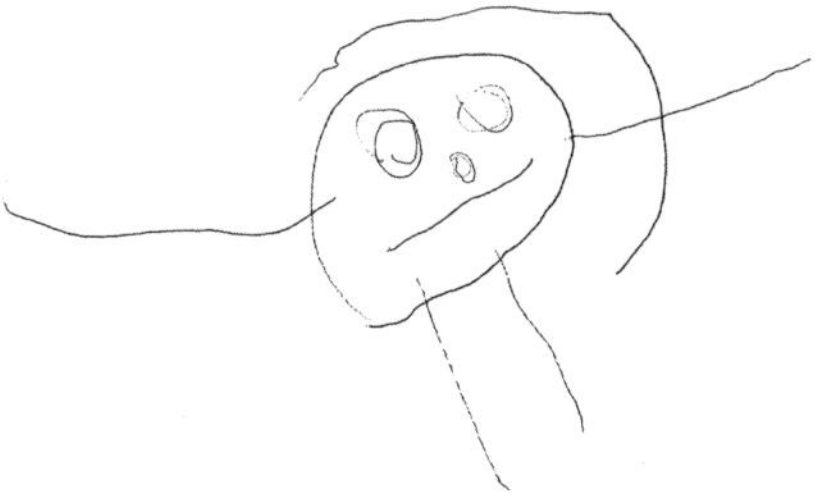

④ア　実験の翌日

④イ　実験の翌日

④ウ　実験の翌日

図3－4　はるかちゃん

⑤ア　実験から２か月後
（３歳０か月）

⑤イ　実験から２か月後

⑤ウ　実験から２か月後

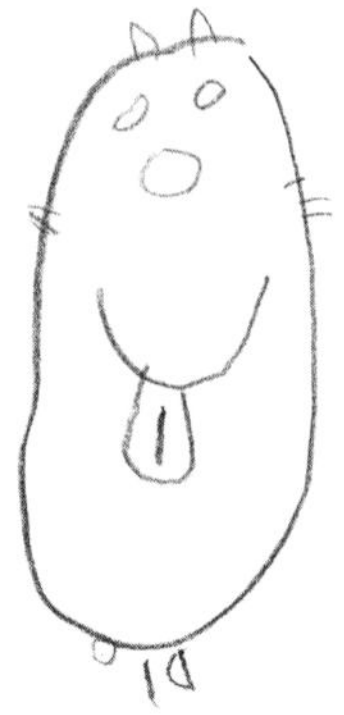

⑤エ　実験から２か月後

⑤オ　実験から２か月後

図３－４　はるかちゃん（つづき）

⑥ア　実験から５か月後
（３歳３か月）

⑥イ　実験から５か月後

⑥ウ　実験から５か月後

⑦ア　幼稚園入園後（４歳11か月）

⑦イ　幼稚園入園後（５歳１か月）

⑦ウ　幼稚園入園後（５歳２か月）

⑦エ　幼稚園入園後（５歳２か月）

図３－４　はるかちゃん（つづき）

を見ていただきたい（図3－4⑦）。アは4歳11か月、イ（5歳1か月）はお母さんがあかんべーをしているところ。ウ（5歳2か月）はお父さん、エ（同）は友だち。いずれもクレヨンで描かれている。

幼稚園に入って友だちの描いた絵を見るなどしてさまざまな刺激を受け、絵が変化することは想像に難くない。入園前後でそれぞれ両親が描かれているが、それらを比べてみてほしい。同じ子が描いたとは思えないほどの変容である。入園後の絵は、パーツの形が整い、全体のバランスがとれ、かわいらしい。しかし一方、今まで繰り返し指摘したように、幼い時期（はるかちゃんの場合は入園前）の絵にむしろ個性的な味わいがあることが、こうして比べてみると際立つように思う。子どもの発達は「獲得」や「成長」の視点だけでは語れないことが、この変化からもうかがえるだろう。

さて、ここでの話の焦点は、胴体のあるお手本が示されることで頭足画が変化するかどうかだった。お手本を見せられ教示を受けた直後に描かれた絵がどのくらい頭足画から変化したかは三者三様だが、お手本に近い絵を描いたのはそのときだけで、どの子も再び頭足画を描き続けたことは共通している。実験で描いた絵は、「ママに頼まれたからふだんと違う絵をちょっと描いてみた」だけのようである。頭足画は、胴体のある絵をお手本として見せられたくらいでは変わらないのである。

百年前に子どもの絵を研究したフランスのリュケ（5章以降で詳述）は、頭足画を描く幼児にはたらきかけて絵を変えようとしても簡単には変わらないことを指摘している。[41]

例えば、私の息子は3歳10か月頃に、自発的に頭と足だけでできた最初の人物画を描いたが、姉から注意され腕を付け加えた。しかし、この腕は彼がその後描いた人物画には保存されていない。…このように子どもは間違いを指摘されようと、体のどこに腕がついているかよく見るように言われようと、頭に腕のついた胴

なしの絵を描き続ける。このことは多くの観察者の指摘するところである。（邦訳 pp.68-69）

頭足画は百年以上にわたって発達心理学が解明し得ていない謎なのだが、その形態の特異さもさることながら、胴体を描かせようとしても容易に変わらない点に不思議さがある。

お手本を見せたくらいでは頭足画は変わらない――しかもいったんはお手本どおりの絵を描くのにすぐ頭足画に戻ってしまう――ということは、子どもは胴体のある絵よりも頭足画の方がよい絵だと思っているのかもしれない。そうだとすると、頭足画や胴体のある絵の中から「いちばんよい絵」を選んでもらったらどれを選ぶだろう？　自分が描いたものでなくても、ふだん頭足画を描いている子は頭足画を選ぶだろうか？　頭足画と胴体のある絵、その中間段階の絵の計3枚の中から「いちばんよい絵」を子どもに選ばせる実験を二つの研究が行っているが[11][63]、予想通り、ふだん頭足画を描いている子の多くが頭足画を選んだという。幼児はいわば納得ずくで頭足画を描いているのである[注5]。

（2）自発的に「胴体のある絵」を模倣して描く

外から絵の変容を促すのでなく、子どもが自分で年長者のまねをした場合はどうだろう。面白い報告がある[19]。3歳のランディはふだん頭足画を描いていた（図3－5①）。ある日、6歳の兄が胴体のある絵（図3－5②）を描くところをそばでじっと見ていた。翌朝、その絵の顔のまわりにぐるぐると線を描きこんだ。その直後に一人で描いた絵が図3－5③である。明らかに兄が前日に描いた絵の模倣であり、胴体が描かれている（ただし、手が顔から出ている）。誰かに促されたわけではない、完全に自発的な模倣である。ではランディはこれをもって頭足画を卒業したかというと、頭足画をしばらく描き続けたという（図3－5④）。自分の自由意志

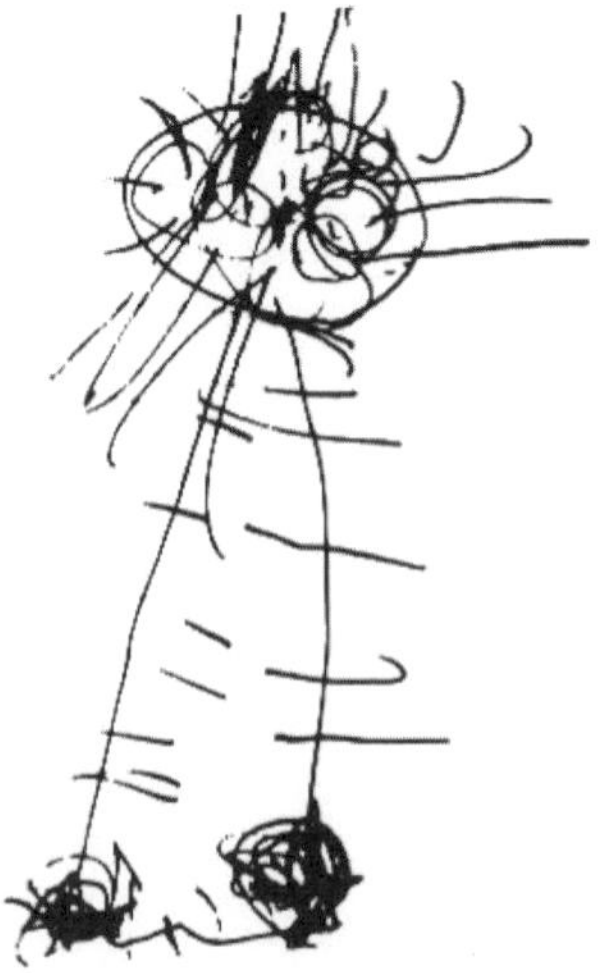

① 頭足画（3歳9か月）
（Fenson, 1985 [19], p.378）

② ランディの兄が描いた絵
（Fenson, 1985 [19], p.380）

③ 兄が描くのを見た翌日の絵
（Fenson, 1985 [19], p.380）

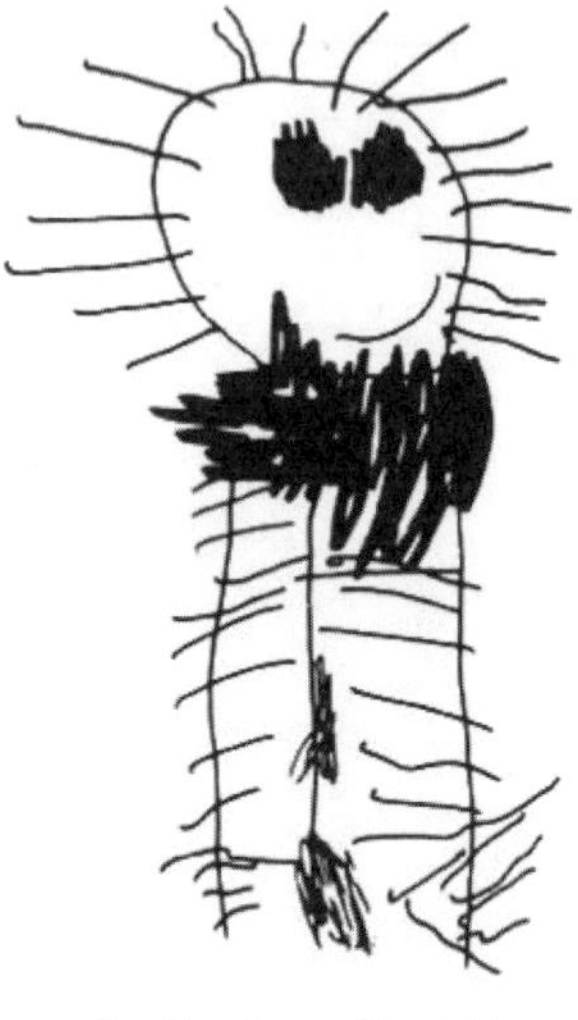

④ 数日たって描いた絵
（Fenson, 1985 [19], p.378）

図3－5 ランディの絵

で胴体のある絵を描いても、すぐにその描き方に移行するわけではないのである。1章で、テスターの見ている前で頭足画から胴体のある絵へと変化する事例（すすむ君）を紹介したが、そのときからその子は頭足画を描かなくなったわけではなく、胴体のある絵がレパートリーに加わったと考えるべきなのだろう。胴体のある絵が描けるようになるとすぐに頭足画が捨て去られるわけではないのである。

（3）ディクテーション——「次は胴体を描いて」と指示する

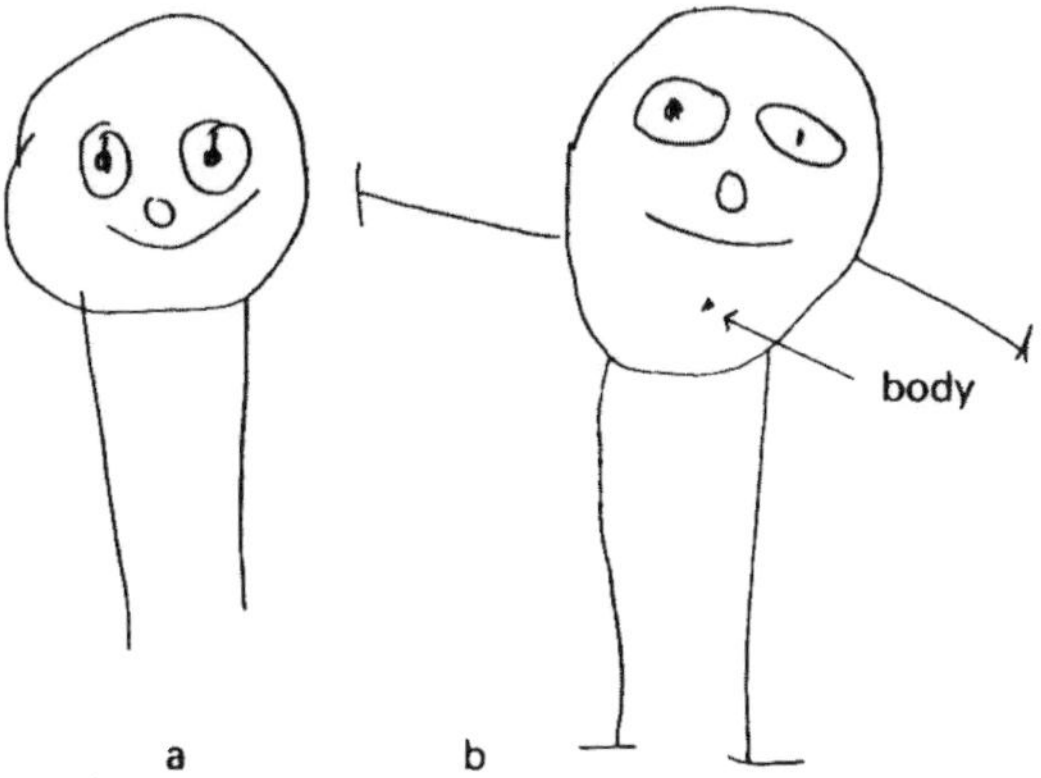

図3－6　ある被験児のふだん描く頭足画（a）とディクテーションの結果（b）（Cox, 1992 [11], p.38）

頭足画が容易に変化しないことは、胴体を描くようはっきり指示することでさらによくわかる。ディクテーションといって、絵描き歌のように描くべきパーツを順番に一つ一つ指示し描いてもらった実験を見てみよう。「まず顔を描いて」と言って顔の輪郭線を描かせ、次に「そこに目を入れて」と言って目を描かせる……というようにして顔を描き終わったところで、「じゃあ今度は胴体を描こう」と言うのである。ここで紹介する実験[11][12]はイギリスでされたものなので〝body〟（からだ）という語が使われた。もちろん被験児たちはbodyという言葉をよく知っている。子どもたちは顔の次に「からだ」を描くように指示されて、どのような絵を描いたのだろう？

図3－6がそのような絵の一枚である。左がこの被験児がふだん描いている頭足画、右がディクテーション実験の結果であ

る。顔を描き終わって「からだ」を描くよう言われ、この子は顔の〈中〉に「からだ」をマークのように小さく描き入れた。実験結果によると、このような絵を描いた子が25人中18人であった。残りの7人のうちの4人は、足の間に胴体の印を描き入れた。

この結果を見ると、頭足画は「胴体が描かれていない」と考えるのは正しくないようだ。私たち大人が頭とみなす部分に胴体の意味も込められているのである。

絵というと、ともすると対象をカメラで写して現像されるような単純な認知過程を想像しがちだが、子どもに人体が頭足画のように見えているわけではない。絵は、対象について頭の中にもっている知識やイメージ——認知心理学では「表象（representation）」と呼ばれる——がもとになっている。百年前、まだ認知心理学が成立すらしていない時代に、リュケは「内的モデル」という概念を提唱した[40][41]。頭の中にある対象のモデルという意味で、今でいう表象にあたる。子どもが描く頭足画は、絵を描くときにもとにする表象（内的モデル）が、大人と異なっているのである。ひるがえって私たち大人が頭足画を見て「胴体が描かれていない」と思うのは、絵とは視覚的表象をもとにすると前提しているからではないか。頭足画のもとになる表象は、視覚的なイメージ以外のものも含んだ表象から成り立っているのだろう。

ではそれはどのような表象なのだろうか。推測の域をでないが、視覚に加えて身体感覚や運動感覚が混合したものだろうと考えられる[注6]。つまり外界に触れたり操作を加えたりする手足と、それをコントロールする部位として頭と胴体が一体のものとしてイメージされているのではないか。

子どもが生き物を描くとき、マルから線が放射状に出たイガイガ状のものとして描くことが知られている。図3‐7は、先に登場した3歳のランディが頭足画を描くようになる前に描いていた絵である[19]。①が彼のイガイガ画のいわば原型である。③は線がひゅるひゅると伸びていて、イソギンチャクのような触知線を思わせる。④はイガイガ画のバリエーションとしての花の絵、⑤はバスを描いたという。最後の絵のように四角形の輪郭

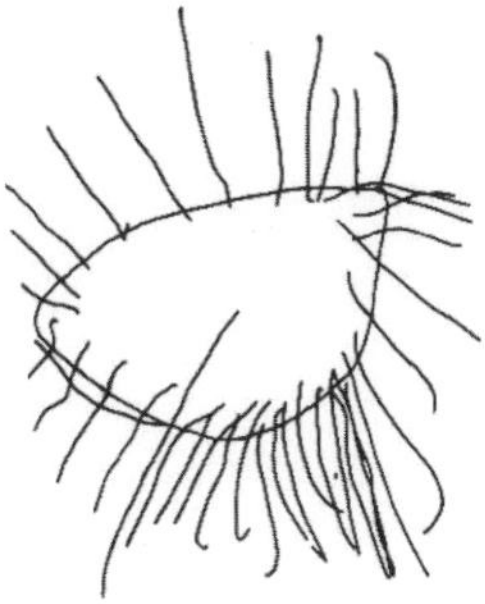

①　**イガイガ画の例1**（Fenson, 1985 [19], p.377）

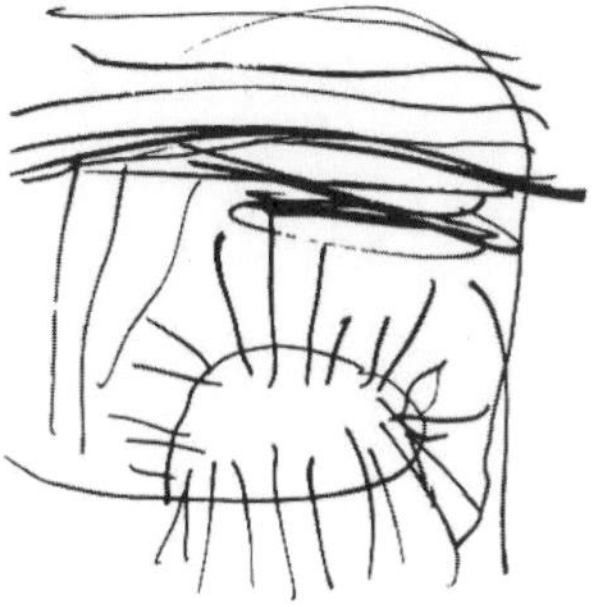

②　**イガイガ画の例2**（Fenson, 1985 [19], p.377）

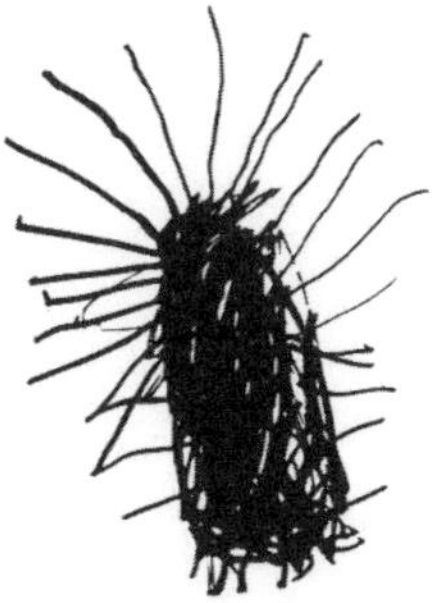

③　**触知線のような線をもつイガイガ画**
（Fenson, 1985 [19], p.378）

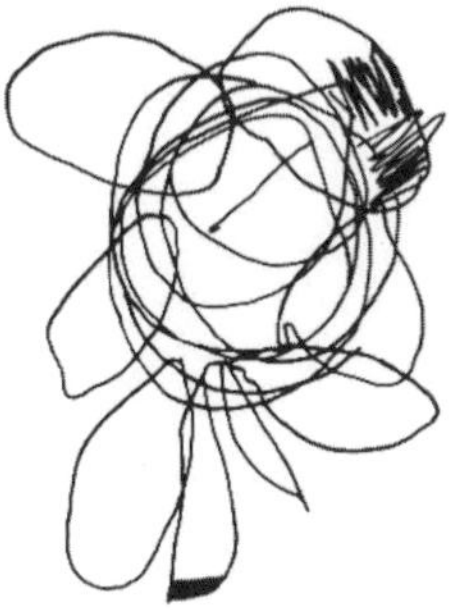

④　**バリエーションとしての花**
（Fenson, 1985 [19], p.378）

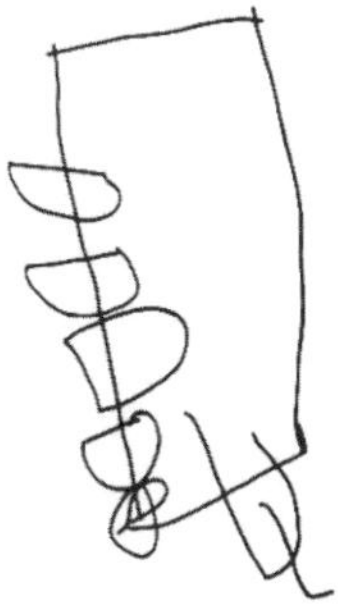

⑤　**バリエーションとしての乗り物**（Fenson, 1985 [19], p.378）

図3－7　イガイガ画とそのバリエーション（ランディ、3歳）

線上にたくさんの車輪のマルを描いた乗り物の絵をときどき見かける。乗り物が「走っている」ところをそのように表現するのは、誰に教えられたわけでもなく、しばしば見られる描き方である。[注7] 身体感覚や運動感覚による表象をベースにして絵を描くことが、幼児の絵に躍動感をもたらしているのかもしれない。

2 描画のもとになるもの——表象

子どもの絵が外からのはたらきかけによって容易に変化しないのは、絵を描く際に使う頭の中の表象——子どもが対象についてもっている知識やイメージ——が、簡単には変わらないためである。頭足画と同様に、立体の描き方も子どもは大人と違って独特である。大人の描く立方体の絵をお手本として提示した研究を見てみよう。

（1）立方体の模写

立方体の絵を描くように言われたとしたら、大人は図3－8のように描く人が多いのではないか。実際に学生に描いてもらうと、こう描く者がほとんどである。これは立方体を斜め上から見たところを遠近法によって表現したものである。三つある面のうち二つが平行四辺形になっているが、それは斜め上から見るとそう見えるからである。子どもはそのような絵をほとんど描かない。平行四辺形を含まず、正方形や長方形を組み合わせた展開図のように描く。立方体の表象は正方形が組み合わされて構成されており、子どもはそれにもとづいて絵を描くからである。

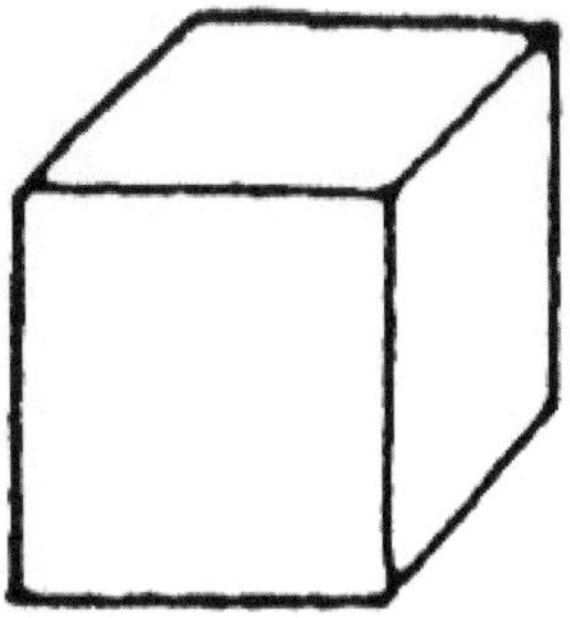
図３－８　大人が描く立方体

しかし一方で、子どもに大人が描く立方体の絵を見せると、それが立方体であることを容易に認識する。ではその絵を見せてそっくりに描く（"copy"する）よう求めると、子どもはどんな絵を描くだろうか。実験を一つ紹介しよう[48]。

実験対象者は６～７歳児と８～９歳児である。図３－９①のようなお手本の絵が提示された。Ａはさいころの目が描いてある立方体の絵であるが、Ｂは幾何学模様のようで立体には見えない。ＡとＢを模写する際はこれらを脇において描くよう子どもたちは言われたが、Ｃについては、模写しているときにこのお手本を見続けるよう、テーブルの下に紙を置いて手元を見ずに描くよう求められた。できるだけお手本通りの絵が描けるような（展開図のような描き方がされにくい）制約を課したわけである。

正誤の判定は構造上の誤り（平行四辺形の部分が正方形や長方形で描かれるなど）が二つ以上あるかどうかで判定された。構造的な誤りが一つだけだったら「正しい」と判定されたわけである。

結果を見てみよう。図３－９②が正しい絵の例、③が誤答とされた例である。ここからわかるように、Ｃ（立方体の模写）の誤答のほとんどが、平行四辺形であるべき面を正方形または長方形で描くものであった。ＡとＢの正答率ではＡとＢでは大きな差があり（６～７歳児ではＡが15％、Ｂが81％、８～９歳児では44％と90％）、Ｂについてはほとんどの子がお手本通りに描けた。つまり立体に見えない平面図形は難なく正確に模写できるのに、立方体に見える絵をお手本通りに描くのはかなりむずかしい。正方形（または長方形）によって構成されている立方体の表象にひきずられてしまうのである。Ｃの条件は頭の中の表象よりも眼前のお手本に集中させる目的で設定されたわけだが、正答率は６～７歳児、８～９歳児でそれぞれ38％、69％であった。普通に模写させる条件（Ａ）よりは効果があったが、やはりＢと比べると誤答（お手本からはずれた絵）が多い。

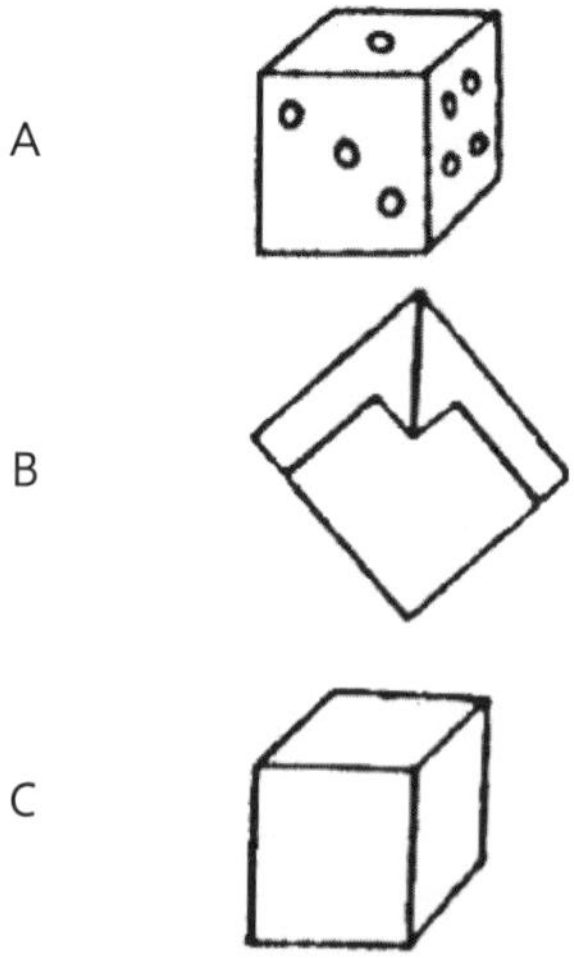

① 実験で提示されたお手本（Phillips et al., 1978 [48], p.19）

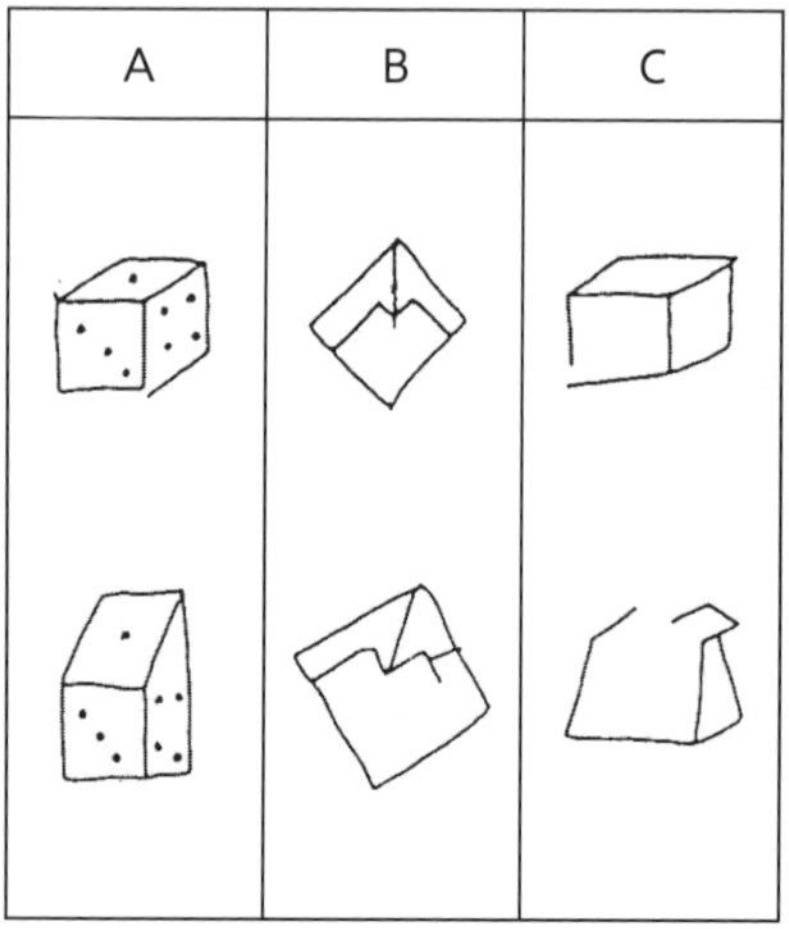

② 正答例（Phillips et al., 1978 [48], p.23）

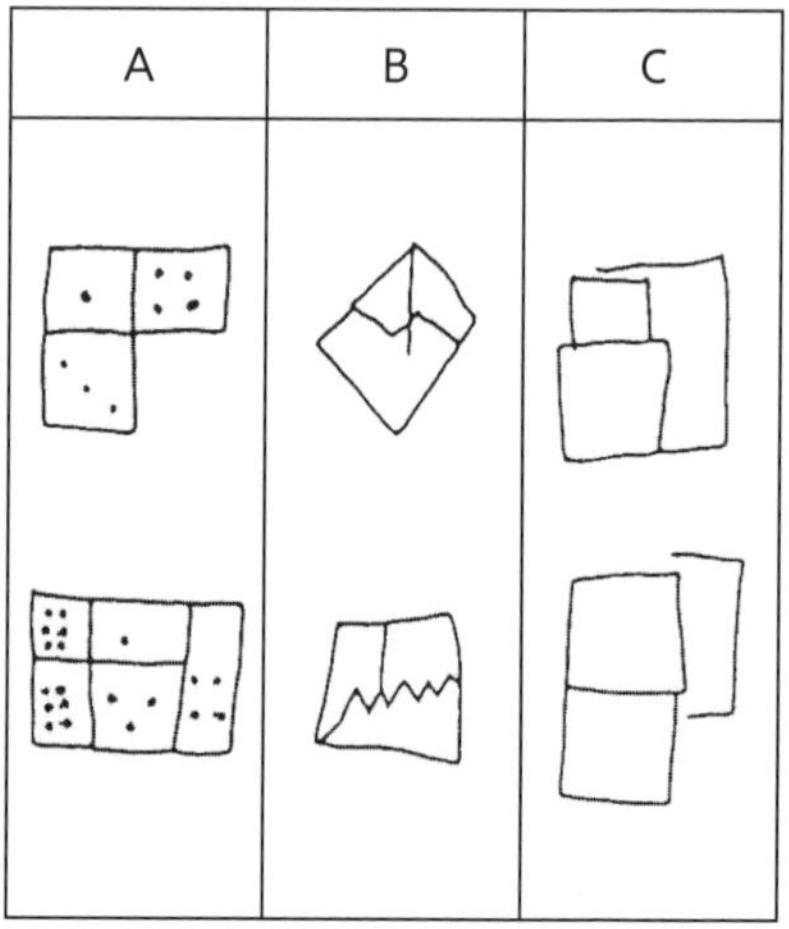

③ 誤答例（Phillips et al., 1978 [48], p.24）

図３－９ 子どもに立方体の絵を模写させる実験

子どもは遠近法で描かれた立方体の絵を示されれば立方体として認識できるが、それを絵に描こうとすると、正方形（または長方形）によって構成されている表象にもとづいて表現しようとし、お手本とは違う絵を描いてしまうのである。

（2）ひし形の模写

子どもにもっと単純な、二次元図形にしか見えないものを模写させた場合にも、頭の中にイメージされるもの（表象）が大人と異なるゆえの興味深い表現が見られる。3歳児にひし形（図3－10①）を模写させた実験を見てみよう[33]。

図3－10②から④は子どもが模写したひし形である。お手本の絵（①）は3歳児にもひし形にしか見えないと思うが、これらの絵にあるギザギザはいったい何を描いたのだろう？　正方形を45度回転させて角を

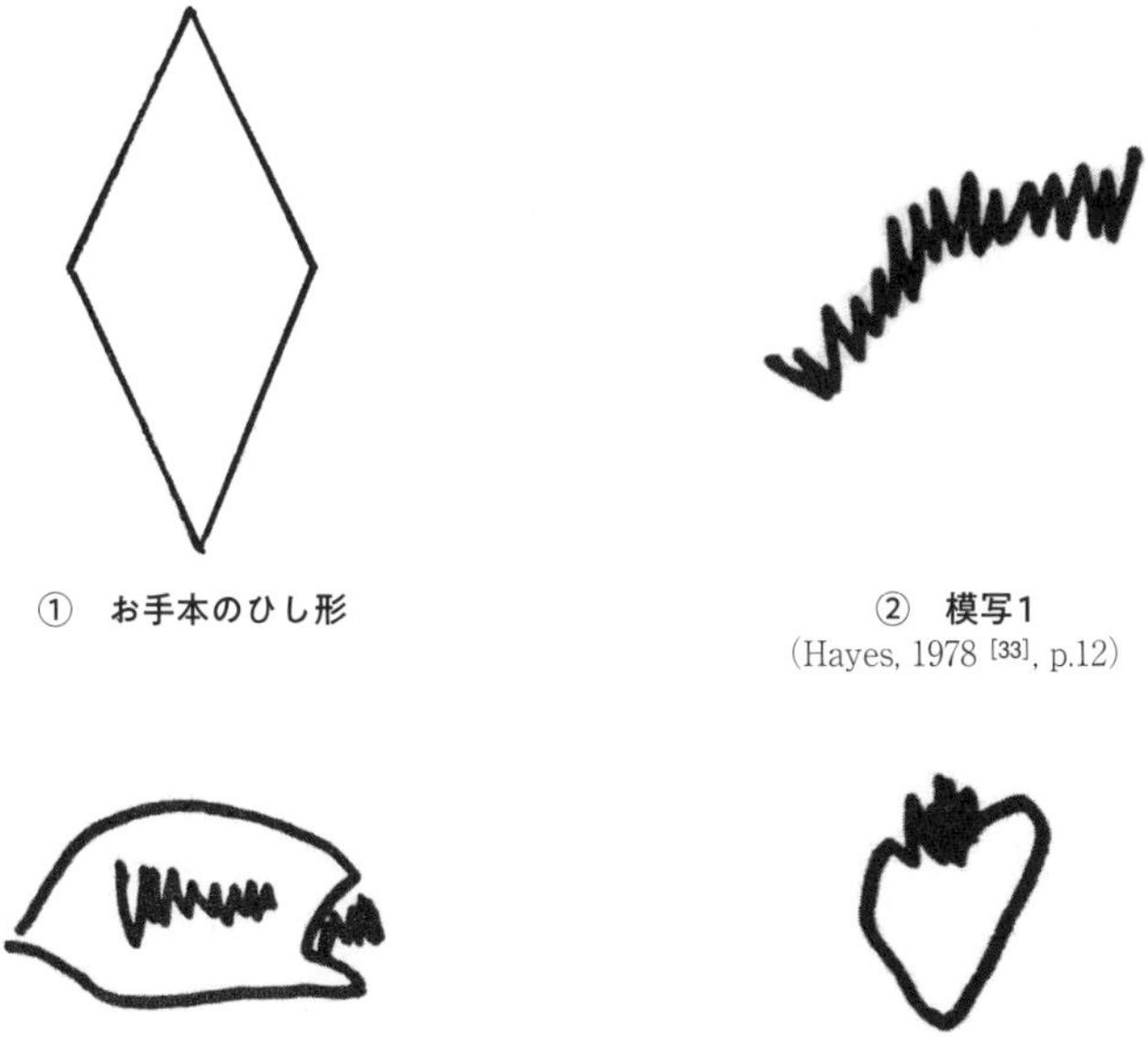

① お手本のひし形

② 模写1
（Hayes, 1978 [33], p.12）

③ 模写2
（Hayes, 1978 [33], p.12）

④ 模写3
（Hayes, 1978 [33], p.13）

図3－10　3歳児によるひし形の模写

上に向けた図を模写させた場合にはこのようなギザギザは見られないので、ひし形のとがった部分を表現したものに違いない。これらを描いた子どもは、とがったところに指で触れたら「チクチク」すると思い、その感じをギザギザによって表現したようである。幼児は、もちろん全員ではないが、ひし形を見て絵を描こうとするとき、とがった部分の触覚的イメージをも含んだ表象を使うと考えられる。

(3) 子どもが用いる表象

頭足画や立方体、ひし形の例からわかるように、子どもは単に「絵が下手」なのではない。確かに大人ほどには手の運動調整がスムーズでないかもしれないが、子どもの絵の特異性は、手がよくコントロールできないとか、人体やひし形がまだ理解できないために生じるわけではない。子どもは、大人とは少し異なる表象をもとに絵を描いている。逆に、大人が絵をどう捉えているかを考えると、前述したように絵は「見た目」＝視覚的表象をもとに描くもの、と思っているのではないか。

絵は視覚的表象にもとづいて描かなければいけないと決まっているわけではない。ひし形の絵で見たように触覚を絵に描いてもいいし、音やにおい、あるいは運動感覚を絵にしてもよい。目に見えるものをもとに絵を描くのは一種の約束事（慣習）にほかならない。おそらく子どもは小学生の頃にそのような約束事を受け入れるのだろう。幼児の頃は頭足画に確信をもっているが、ほどなく、胴体がないとおかしい、ヒトらしく見えない、と思うようになるのだと考えられる。それは大きな発達上の変化であり、9章で再び考えたい。

3 発達は遺伝か環境か

発達心理学の重要な問いの一つに、「発達は外からのはたらきかけによって変わるのか」という問題がある。はたらきかけとしては教育が代表的だが、それによって発達は早まるのか。あるいは効果があるとしても一時的であり、発達は基本的にそれとは独立に進むのか。発達心理学の専門用語を使って表現するなら、発達は遺伝的要素と環境的要素のどちらが主になって進むのかということである。前者は、遺伝子のプログラムにそって一定の性質が発現するのが発達の基本であり、発達は基本的に年齢とともに自然に進んでいくとする理論（成熟説）である。それに対して後者は、外からのはたらきかけこそが発達を展開させるとする経験主義的な考え方である。発達とは何かをめぐって、19世紀以来、双方のさまざまな学説が主張されてきた。

頭足画をめぐる実験が明らかにしたように、子どもの絵は、大人がお手本を示したりして変えようとしても簡単には変わらない。子どもの絵の発達は環境（外からのはたらきかけ）にあまり影響されないように見える。しかしそうだとすると、子どもの描く絵は年齢とともに自然に発達すると考えてよいのだろうか。人間（描画対象）に接してさえいれば自然に頭足画を描かなくなり、胴体のある絵を描くようになるのだろうか。

前の章でグッドイナフが考案した描画検査を紹介したが、彼女は、発達は基本的に環境の影響から独立に、年齢にしたがって進むとする成熟説に立っていた。統計学の用語でいえば年齢（時間）を発達の独立変数と捉えたのである。先の調査結果（表２－１）を見ると、グッドイナフ得点と年齢との相関係数は0.899とひじょうに高い値である。グッドイナフが仮定したとおりの結果が出たわけだが、では発達は年齢にしたがって進むと考えてよいのだろうか。

この章で見てきた知見をもう一度振り返ってみよう。絵の描き方を教えるという文字どおりの「はたらきかけ」が発達をほとんど変えない理由は、子どもが絵を描くときに依拠する表象が変化しないからだと考えられた。では表象はどのようにして変わるのだろうか。それも遺伝的プログラムにしたがって年齢とともに自然に変わるのだろうか。

見た目（視覚的表象）にもとづいた絵を描くようになるためには、そのようにして描かれた「絵」にふだんから接していることが必要なのではないか。日本など多くの国や地域では「絵」がごく普通に存在しており、子どもは物心つく前から絵に類する環境刺激に毎日触れて成長する。描画が自然に発達するように見えるのは、そのような環境で発達するからではないか。そのことを検証するためには、絵を見たり描いたりする経験がほとんどない地域で暮らす子どもや大人に絵を描いてもらうとよいだろう。絵の乏しい環境で成長しても、私たちと同様の描画発達が見られるのだろうか。次の章ではそれを調べた研究を見てみよう。

4章 子どもの絵は環境の影響を受けないのか

1 描画経験のない大人が描くヒトの絵

世界には絵や文字にあまり接することなく暮らしている人たちがいる。そういう人たちにヒトの絵を描いてもらったら、どのような絵を描くのだろうか。もし環境（描画刺激）の影響を受けずに描画能力が発達するとしたら（つまり実物さえ見ていれば絵は自然に描けるようになるのだとしたら）、絵を見たり描いたりせずに成長しても、私たちの文化と同様の描画発達が見られるだろう。しかし絵に関する経験をもつことが描画発達にとって必須だとしたら、その人たちの描画能力は低い段階にとどまるだろう。１９８０年代のトルコで、人びとが絵や文字をほとんど使わずに暮らしている地域に入って子どもと大人に絵を描いてもらった研究[12][14]があるので紹介しよう。

図４－１の上段の三つはその地域の子どもの絵である。絵が豊富にある環境下の子どもたちとほとんど変わらない。下段の三つは、その地域の大人（16～27歳の女性）が、生まれて初めて描いた絵である。左の二つは頭足画に分類される。真ん中の絵は目鼻や口はバランスよく描かれており、そこだけ見ると確かに大人が描いた絵だとわかる。しかし胴体が描かれておらず、一種異様な印象を受ける。調査では全部で30名の大人に絵を描いてもらったが、半数がこうした頭足画だったという（表４－１、調査１）。

図4－1　描画刺激の乏しい地域で描かれた絵。上段が子ども、下段が大人（Cox, 1993 [12], p.104）

表4－1　描画環境と描画のタイプ（単位：人）（文献［12］の記述をもとに作成）

		スクリブル	頭足画	移行期※	胴体あり
調査1	絵や文字の乏しい地域で暮らす子ども（3－6歳）	3	13	6	8
	絵や文字の乏しい地域で暮らす大人（16－27歳）	0	7	8	15
調査2	絵や文字の乏しい地域で暮らした後で都市にでて暮らしている大人（21－65歳）	1	16	6	45

※「移行期」とは胴体は描かれないが足の間に服のボタンを描くなど胴体の意識をうかがわせる絵。

この研究は、1989年にフィンランドで開かれた国際学会のポスターセッションで報告された[14]。大人が頭足画を描いたという事実に驚く人が多く、ポスターの前には人が絶えなかった。私がしばらくその場にいたところ、何人もの人がその被験者たちは知能の遅れをもっているのではないかと質問していた。20歳代になって頭足画を描く人たちが正常な知能をもっているとは思えないというのである。それに対して発表者（前出のモリーン・コックス）は、知能検査こそ実施していないが、その人たちはごく普通に日常生活を送っており、知的には全くノーマルだと答えていた。

その大人たちは絵や文字の乏しい環境で育ち描画経験が欠落していたために、認知機能の中で描画能力だけがいわば置いてきぼりになった結果、幼児と同じ頭足画の段階にとどまったのだろう。絵に接する経験が乏しいと、私たちと同じ描画発達がおこるとは限らないのである。

コックスの共同研究者はその後、文字や絵の乏しい地域で成長した後アンカラ（大都市）に移り住み10～15年暮らしている人たち68名（21～65歳）――ただし文字の読み書きができない人たち――に同様の調査をした[12]。結果は、約3分の1にあたる23名が、頭足画かまたは胴体がはっきり描かれていない絵を描いた（表4－1の調査2）。アンカラは日本と同様に絵や文字が豊富にある社会だが、その人たちは読み書きを学ばず、絵をはじめとした表象文化への関心が低かったと考えられる。つまり周囲に絵がたくさんあったとしても、それらに積極的に関心を向けるかどうかが描画発達に大きな影響を与えるのである。

2　4本足のニワトリ

絵に毎日接していたとしても、それらへの関心が乏しいと奇異な絵が描かれることがある。日本で報告され

図４－２　大学生の描いた４本足のニワトリ

た「4本足のニワトリ」の研究を紹介しよう。

大学や短大の授業でニワトリの絵を描かせると、足が4本あるニワトリを描く学生がいることが以前から知られていた。私が十数年間、大学の授業中に学生に絵を描いてもらって調べたところでは、60名あまりの受講者のうちつねに3～5名が4本足のニワトリを描いた。そのうちの何枚かをご覧いただきたい（図4－2）。授業ではできるだけリアルに描いてほしいと言って描いてもらった。上段左の絵には足の蹴爪があるなど、学生が要求に応えようとして描いてくれたことがうかがえる。しかしだからこそ、足が4本描かれていることに軽いショックを覚える。下段の絵は親鳥の後に2羽のひよこが描かれているが、その足も4本ある。これを描いた学生は足を12本も描いて、途中で何か感じなかったのだろうか。[注8]

組織的な調査によると、大学生・短大生の6～8％が4本足で描くとのことである。[21] いったいどのような学生が4本足のニワトリを描くのだろうか。

すぐに考えつくことは、ニワトリについてよく知らない学生が4本足のニワトリを描くのだろうということである。大都市や商業地区で生まれ育ち、ニワトリを身近に接することなく成長した学生が、農村部出身の学生に比べて4本足のニワトリを描くのではないか。しかしそのような結果は得られなかった。[21]

興味深いことに、動物や鳥類、昆虫の足数を尋ねるペーパーテストを実施したところ、4本足のニワトリを描いた学生でニワトリの足を「4本」と回答した者は一人もおらず、全員が正しく2本と答えた。[24] 彼らはニワトリが4本足で歩きまわっていると思っているわけではなく、足は2本という正しい知識をもっている。にもかかわらず、絵を描く課題では何となく4本に描いてしまうのである。（描画後しばらくして学生に4本足のニワトリの絵を見せたところ、4本足の絵を描いた学生の9割が、絵を見て驚いたと答えたという。[22] 自分がどのような絵を描いたかをあまり自覚していないようである。）

そこでニワトリについての質問を離れ、絵を描くことそのものについての質問を実施した。「絵を描くことが好きですか？」というシンプルな質問に対して、2本足のニワトリを描いた学生の多くが「好き」または「大好き」と答えたのに対して、4本足のニワトリを描いた学生の多くは「どちらでもない」または「嫌い」と答えた。絵の展覧会に行った経験を問う質問でも、両群にははっきりした差が見られた[23]。4本足のニワトリを描くかどうかは、「絵」というものへの関心に大きく左右されていたのである。

3　まとめ

前章（頭足画についての実験）とこの章で示した知見から、「発達は遺伝か環境か」という問題にどのように答えられるだろうか。頭足画を描く子に、胴体のある絵を描かせようとしてもあまり効果がなかった。子どもは描画対象についての表象（知識やイメージ）をもとに絵を描いており、ふだん描く絵と異なる絵をただ見せるだけでは、その表象が修正されることはなく、絵も変わらない。

では表象はどのようにして変化するのだろうか。描画対象についての経験を積み重ねれば（実物をふだんからよく目にしていれば）、自然に変わるのかというと、そういうわけでもないことが、描画経験のない大人に絵を描いてもらった調査から明らかになった。絵を描くときに使われる表象は「絵」に関する経験に左右される。描画発達は一見すると自然に生じるように見えるかもしれないが、それは絵が豊富にある環境で初めておこるものなのである。

発達は一時的なはたらきかけによって大きな影響をうけないが、日常的に接する環境に大きく左右されることは確かであろう。広い意味での「表現物」や「表現媒体」に関する環境条件が変われば、その中で育つ子どもの発達も変わるのである。

グッドイナフが人物画検査の理論や検査方法を解説した百年前の著書[30]には、得点化の練習をかねてたくさんの子どもの絵が載っている。今日の私たちから見るとそれらは年齢の割にかなり幼くみえる。欧米や日本では、この百年間で子どもが日常的に接する絵や表現媒体が質量ともに大幅に豊かになり、子どもの描く絵は「じょうずに」なった。実際、それに合わせるように、描画検査の改定の際に採点基準が厳しくなり、同じ絵なら当時より今日の方が得点が低くなる。子どもの絵の発達は、その子どもが生きる社会・文化の絵画環境によって大きく左右される。

それでは子どもの絵の発達とは、その時代で常識とされる絵の描き方に少しずつ「染まって」いくことなのか。そのような面は確かにあるだろうが、それだけでは発達の説明として不十分だろう。というのは、その考え方だけでは「その時代で常識的とされる絵の描き方」自体が変化していくことが説明できないからである。個人が何らかの形で時代に影響を与えるのではないのか？　個人の発達を社会に「染まる」一方と捉えてしまうと、個人は社会に何の影響も与えないことになり、文化や社会が変化することを説明できなくなる。広い意味での個人の創造性――社会の常識的価値観や見方に染まりきらず、場合によっては新しい代案を出すことができる能力や傾向――を想定しないと、文化や社会は動き出さないだろう。1章と2章で子どもの絵のさまざまな魅力に触れた。それらは単に「かわいらしい」と言って片づけられるものではなく、躍動感やユニークさといった創造的と言い得る側面をもっていたではないか。

ここで子どもの絵を歴史の文脈においてみよう。子どもの絵の「発見」の時点にさかのぼり、少し大まわりをして子どもの絵の発達とその魅力について考えてみたい。

5章　子どもの絵の研究はいかに始まったか

1　チャイルド・アート──子どもの絵の「発見」

チャイルド・アート（child art）とは、そのまま和訳すると「子どもの芸術」だが、英語の「アート」は日本語の「芸術」よりもずっと広い意味で用いられる。アートには技術や技芸という意味があるし、単に絵を描くことにも用いられる。たとえば子どもの絵を扱った心理学の論文で、実験手続きを説明する際に「描き手」の意味でartistという語が用いられたりする。本書では「芸術」と訳して考えることはせず、子どもが描いた絵のもつ独特な性格──それを見る大人に新鮮な印象をもたらす側面──に焦点をあてた言葉として捉えておく。

19世紀のヨーロッパでは、子どもが家庭で自由に絵を描くことは現代ほど一般的でなく、学校ではおもに単純な幾何学的図形の描き方が教えられた。したがって子どもが自由に描いた絵が大人の目に触れることは、今と比べるとずっと少なかったようである。

１８８０年代初めのある冬の日、イタリア・ボローニャで夕立にあって回廊に避難したコラド・リッチは、円柱に子どもが描いたたくさんの絵を見つけた。その多くがヒトを描いたものだった。柱の下の方にある絵は、上の方にある絵よりも技術的には劣るものの、品があると感じられた。リッチは、柱の下から上にいくにつれて絵の詩情が乏しくなっていたと記している[54]。下の方の絵は年齢の低い幼い子の描いたもので、頭足画などが多く描かれていたであろう。彼が円柱に見た子どもの絵は、同時に描画発達の姿でもあったのである。

子どもの絵に強く引かれたリッチは、知り合いの小学校に頼んでたくさんの子どもに絵を描いてもらった。それらをもとに『幼児の絵』(L'Arte dei Bambini) という小冊子[54]を出版した。英語にすればまさに「チャイルド・アート」である。イギリスでも1895年、ジェームズ・サリーが子どもの心理学についての著書[60]を著わし、絵を多数紹介した。これらがきっかけになり、子どもの絵の魅力や面白さに人びとが気づくようになった。

(1) 目が二つある横顔

この節ではリッチ[54]とサリーの著書[60]からいくつか絵を紹介するが、ともに原著の中で付いている通し番号を記す。Rがリッチの著書[54]からの番号、Sがサリー[60]からの番号である。

図5－1　4つの頭足画（R2）

図5－1はリッチが紹介した、おそらく世界で最初に本に載った頭足画である。同じ一人の子が描いたのかわからないが、顔の表情のバリエーションが豊かである。このような絵にリッチは「詩情」を感じ、子どもの絵に魅せられたのだろう。

リッチは頭足画の他に、複数の視点から描かれた子どもの絵独特のスタイルに注目している。なかでもこの時代の研究者の興味を引いたのは、目が二つあり鼻が顔の横についているヒトの絵であった。図5－2①は人がボートに乗っているところ、図5－2②は馬にまたがっているところだが、両方とも鼻が顔の向かって左に小さく突き出ている。馬の絵ではパイプをくわえた口も左側にある。このような顔の描き方は「目が二つある横顔

① ボートに乗った二人（R1）

② 馬に乗る人（R18）

③ （S5c）

④ （S6a）

⑤ （S11a）

図5－2 目が2つある横顔

（two-eyed profile）」と呼ばれた。サリーはこのような絵は5歳児によく見られるとし、著書[60]の中で数多く紹介している。図5－2③のように顔の輪郭に鼻を後からつけたものもあるが、多くは図5－2④や図5－2⑤のように輪郭の一部として描かれている。

中には目が一つだけ描かれ、横顔だとはっきりわかる絵もある。図5－3は服のボタンも左に寄って描かれており、左を向いた人を描いたのだと推察される。

しかし身体のさまざまな部分を細かく見ると、身体がどちらを向いているのか定かでない絵が多い。図5－4①は鼻やパイプ、服のボタンからして左を向いた人を描いたと思われるが目は二つついており足も正面

図5－3　横向きと思われる人の絵（S23a）

①（S32）　②（S34）

図5－4　横向きと正面向きとが混在

①（S35b）　②（R24）　③（R22）

図5－5　手が背中から出る

図5－6　手が胴体中心から一緒に出る（S24b）

向きのようだ。図5－4②は両手が左側についており、左にあるテントに向かって何かしようとしているようだが、目と口は正面、服のボタンも真ん中についている。

最後の絵は手のつき方が独特だと思うので、話が少々それるが手のつき方について少し述べる。横向きの場合に、両手が背中側の線から出て胴体を横切るように描かれるパターンが、サリー（図5－5①）にもリッチ（図5－5②）にも紹介されている。特に後者は帽子やスカート、傘などがしっかり描きこまれており、このような手の描き方がパターンとして子どもたちの間に定着していたことをうかがわせる。これら2枚は横を向いていることがすぐにわかるが、どこを向いているのか判断がむずかしい絵もある。リッチが載せている図5－5③は、目が二つあり服のボタンの位置から正面向きにも見えるが、鼻とパイプと、さらに腕のつき方からすると左を向いているのだろうか。サリーが載せている図5－6は、腕が身体の正面から一緒に出ているように見えるが、どのようなイメージで描かれたのだろう。

(2) 視点の移動

ここにあげた絵を、単に混乱した絵として片づけることはできないだろう。多くの絵は、そもそも単一の視点から見たところを描こうとしていない。目鼻や手のつき方が一貫していないためにどこを向いているのかわからないと書いたが、それは固定視点から見た静止画像を想定した言い方だ。子どもはそのような前提はおかず、横も向くし正面も向くことのある人を描いたのだろう。複数の視点から描いていると言えるだろうし、動く視点から見たところを表現したと言ってもいいだろう。

そのことがよくうかがえる絵がある（図5－7①）。鼻が正面向きと横向きとで二つ描かれている。2本の腕が胴体の右側から出ているのは横向きのように見える一方で、服のボタンは正面向きである。正面から左方向へ視点を動かしながら人間を描いているようである。

視点の移動がもっとよくわかる絵がある。少し後の時代になるが、レーウェンフェルト[39]に載っている11歳の子が描いた「サッカー選手」（図5－7②）を見ていただきたい。画面には二人の人物が描かれている。右がボールを蹴った選手、左は別の選手がボールを受けたところである。この描き手はふだんは鼻を顔の左側の輪郭の一部として描くが、左の選手は、顔の中央にもう一つ鼻が描き加えられている。はじめ左に向かって走っている状態から立ち止まり、正面を向いてボールを受けているところを表したのだという。動く視点によって時間的経過を盛り込み、サッカーのプレイを連写したような絵になっているのである。

① （R26）　　② （Löwenfeld, 1939 [39]）

図5－7　目も鼻も2つ

図5－8　家の3面が描かれた絵（R27）

図5－9　テーブルと椅子
（Luquet, 1927 [41], 邦訳 p.196, No115）

人物画以外にも複数の視点から描かれたことがよくわかる絵がある。リッチの冊子[54]には図5－8のような家の絵がある。正面と二つの側面が同時に描かれており、3章で紹介した一種の展開図である。

後述するリュケの著書[41]にあるテーブルと椅子を描いた絵（図5－9）は、7歳半の描き手が視点をどのように移動させながら絵を描いたのかがうかがえる。テーブルの下に椅子が描かれているが、おそらく描き手の視点はこちら側（椅子が「倒れて」いる方向）にあり、正面に椅子の背が見えていたと思われる。そこで描き手は椅子の背を描くことをせず、上方に視点をとって椅子とテーブルを両方描いた。展開図のように描かれている椅子は、背側から小さなドローンに乗って背を越えて座面を見て脚に向かうかのように、動く視点からなめるように描かれている。大人と異なる描画原理によって描かれており、しかも対象と描き手の位置関係についての情報を伝えている。

リッチやサリーが「目が二つある横顔」に注目して以来、子どもの絵は複数の視点や動く視点から描かれることが広く知られるようになった。

2　ピカソの絵

前節で紹介した絵を見てピカソの絵を思い出す人が多いだろう。美術史からいうと20世紀初頭、単一視点からの画面構成を基本とする伝統絵画の前提を見直す動きがおこった。キュビスムと呼ばれる運動で、ピカソやブラックが代表的な画家として今日よく知られている。キュビスムは、一つの対象をさまざまな角度（視点）から捉え組み合わせて描くことで、新しいリアリティの表現を実現しようとした。詳しくは後述するとして、ここまで紹介した子どもの絵を念頭において、ピカソの初期の作品をいくつか見てみよう。

図5－10　ピカソ「パイプ, バスの瓶, さいころ」(1914)

図5－10は「パイプ、バスの瓶、さいころ」と題された1914年の作品である。右にあるさいころは、展開図のように4面が解体されて描かれており、3章で紹介した実験で誤答とされた子どもの絵さながらである。パイプと瓶は口のまるい部分は上から見た視点で、胴体部分は真横から見た視点で描かれている。

次に人物画を見てみよう。図5－11は1907年制作で、キュビスムの嚆矢とされる「アヴィニョンの娘たち」の習作である。誇張された大きな鼻が特徴的だが、先に見た子どもの絵と比べると正面の顔と横顔が同居している感じはほとんどしない。

しかし1930年代の絵になると、子どもの絵との類似がはっきりしてくる。図5－12は1937年の制作で、まさに「目が二つある横顔」である。向かって右の目は鼻と同じく右を向いている。この女性からすると左目である。すると画面に向かって左の目はどう考えればいいのだろう。(さらにいうと鼻の穴が二つあるので鼻は正面向きである。)先に見た図5－7①や「サッカー選手」(図5－7②)の顔のように、正面を向いた顔と右を向いた横顔とが一緒に描かれているのである。

同じ1937年に描かれた別の絵（図5－13）も同様である。ただよく見ると、前の絵と少し異なる点がある。この絵では鼻の向こう側がそこにある目とともに見えている。両目の間の斜めの線にそって絵を折り曲げると、より立体感のある顔に感じられる。（なお1937年はあの有名な「ゲルニカ」が制作された年である。そこに描かれた人間や牛馬の顔の多くが「目が二つある横顔」である。）

鼻筋の両脇にそれぞれ目を描く描き方はサリーの著書[60]の子どもの絵にも見られるのであげておこう（図5－14）。描き手は11歳である。この絵に関してサリーは、「2番目の目は意図的に輪郭の外側に押し出されたように見える」と述べ、「あたかもその目を見るためには顔の反対側に視線をまわさなくてはならないことを示しているかのようである」（p.361）とコメントしている。ピカソのような大芸術家をもちだすまでもなく、絵＝静止画像という約束を離れると確かに多様な表現ができる。中でも視線を移動させる描き方は、子どもにとっても思いつきやすいのだろう。

この章では、19世紀末から20世紀初めに描かれた子どもの絵を見てきた。リッチやサリーの著書で数多く紹介されている「二つ目の横顔」はこの後急激に減少し、20世紀半ばにはほとんど見られなくなったという[68]。頭足画と違い、子どもの絵に見られる流行の一つのようだ。

また、背中の線から手が出て身体を横切る描き方（図5－5①～③）は20世紀初めにイタリアの子どもたちの間でよく描かれ、1920年代に多くのイタリア移民が流入したカリフォルニアの小学校で、このパターンの絵がたくさん描かれたという[67]。

図５－11　ピカソ
「女性の胸像」（1907）

図５－12　ピカソ
「ドラ・マールの肖像」（1937）

図５－13　ピカソ
「マリー・テレーズの肖像」（1937）

図５－14　顔の外側に目（S31b）

3　リュケの描画発達論

ピカソの絵とチャイルド・アートのこのような類似性をどう考えたらよいだろう。子どもたちがピカソの絵をまねたとは思えない。（1881年生まれのピカソは、リッチが絵を集めた子どもたちと同世代である。）一方ピカソはアカデミックな素描方法を学んだ画学生時代に人体の骨格や筋肉の解剖学的知識を積極的に吸収しており、[42]子どもの絵を研究して自らの絵に取り入れようとはたぶんしていない。両者が直接に影響を及ぼし合ったわけではないにせよ、初期のピカソとチャイルド・アートとはどこかでつながっていないだろうか。その接点にいる人物こそ、子どもの描画研究の出発点をつくったG・H・リュケである。

（1）子どもの絵のリアリズム

フランスのリセ（日本の高校にあたる中等教育機関）の教授だったリュケは、娘シモーヌが3歳から8歳までに描いた1700枚あまりの絵をもとに子どもの絵の特徴を考察し、『ある子どもの絵』という著書を1913年に出版した。[40]第一次世界大戦への従軍を経て1927年、娘以外の子どもの絵も加えて書き改めたものを『子どもの絵』と題して出版した。[41][注9]

前に触れたように、この時代、子ども――とりわけ幼児――が自発的に絵を描いたり大人が自由な描画を促したりすることはあまり一般的でなかったようである。娘に自由に絵を描かせたリュケが見出したのは、子どもは機会さえ与えられれば、身のまわりにあるものを積極的に表現しようとすることだった。リュケは19

27年の著書[41]の後半部分、描画の発達論を展開する冒頭で「子どもの絵の全体的特徴を一言で表すとすれば写実性（realism）という言葉が最もふさわしい」（邦訳 p.137）と書いている。リュケの描画発達論は子どもの絵全体を「写実性（リアリズム）」という枠組みで捉えた上での理論なのである。

写実性という言葉でリュケは何を言おうとしたのだろうか。まず写実性とは何ではないのか。一つは、子どもの絵というと学校で課される図形の模写が連想されたであろう当時、子どもが自ら好んで描くのは図形や模様の類ではないということである。

何を表現するわけでもないような絵［は］子どもにとって考えることもできないほどに無縁なものである。……子どもが自発的に何かを表現する絵を描き始めたところに介入して、幾何学的な規則性に対しても関心を向けさせようとしてもむだである。（邦訳 p.138）

子どもは現実世界で目にする何かを表現しようとしている——それがリュケの言う「写実的」ということである。

もう一つ、リュケが「写実性」に込めたのはアンチ経験主義である。経験主義とは、リュケの言葉でいえば「心理状態は感覚的に経験された現実についての単なる写しであり、精神はいわばどのようにでも変形自在な、柔軟でかつ受容的なもの」（邦訳 p.243）とする考え方である。子どもの絵は、そのような考え方を「事実の裏付けをもって論議の余地なく否定するものである」（同）。つまり、子どもは外界のものを好んで描くが、それは決して受動的な「写し」なのではなく、能動的な構成過程なのだと主張するのである。

（2）内的モデル

リュケはアンチ経験主義に立って「内的モデル」という概念を提案した。子どもは対象のもついくつかの特徴を頭の中で組み合わせることで対象のイメージ（表象）をつくっており、絵にはそれが反映される。したがって単一の視点からの視覚像と必ずしも一致しない。リュケ[41]は次のように述べている。

「子どもは対象に関して」分析と抽象を通じて、内的モデルに保存すべき要素を厳選している。すなわち、興味に応じて、あるいは要素の重要度に応じて選択が行われているのである。かくして精神はすでに児童期の最初期から単なる受動的なものとしてではなく、むしろ逆に与えられたものを入念に仕上げていく創造的な活動として現われるのである。（邦訳 pp.244-245）

「内的モデル」は、子どもが対象を心の中に再構成したものである。リュケが子どもの絵を「写実的」というとき、対象の見た目（「写し」）にもとづく絵とは産出のプロセス自体が異なるのである。子ども独特の写実性は、視覚よりも対象の知識（表象）にもとづいて心の中に構成されるという意味で、リュケは知的写実性（intellectual realism）と名づけ、「見えるとおり」に描く視覚的写実性（visual realism）と区別した。[注10] リュケによると、子どもの絵は9～10歳頃に前者から後者へと移行するとされた。これについては7章で詳しく述べる。

（3）シモーヌによる写生と模写

子どもが「見えるとおり」に描かないことがよくわかるのは、対象を目の前に置いて写生をするように言われたときであろう。リュケは娘シモーヌが6歳9か月のときにそのような試みを行っている。[40]

図5－15は、花瓶と花（左の写真）をシモーヌが3回にわたって写生したものである。注目点は花瓶の左右についている取っ手（輪っか）の描き方である。実物では花瓶本体に張り付くようについており、輪っかの側面が見えるが、シモーヌの絵は3枚ともマルが描かれている。取っ手が「まるい」という基本的な形状を表現しているのである。あるいは取っ手についてだけ丸く見える視点から描いたといってもよい。さらに付け加えると、いちばん右の絵には花瓶の下に水を受ける四角い小皿が、本体から分離され上から見た視点で描かれている。これらの絵がピカソの静物画の中に置かれたとしてもさほど違和感がないと言ったら言いすぎだろうか。

さらにリュケは、「見えているとおり」に描かれた絵（視覚的写実性の絵）をお手本として見せてそのとおりに描かせようとしても、なかなかうまくいかないことを指摘している。子どもがお手本を見て何の絵だかわかった段階で内的モデルと照合され、描画の際には

図5－15　花瓶の写生（Luquet, 1913 [40] 巻末 No1247, 49）

図5－16　馬車の絵の模写（Luquet, 1913 [40] 巻末 No.1260）

その制約を受けるためである（3章の立方体の実験を参照）。再びリュケの報告[40]から見てみよう。

図5－16は、大人が描いた馬車のお手本（上）と、それをシモーヌが模写したもの（下）である。お手本では車輪が下に二つ並んでついているが、シモーヌの絵では上下に描かれ、展開図のようになっている。馬車本体に対して車輪が両脇について いるという内的モデルにしたがって描かれたのである[注11]。

子どもは対象の一視点からの見た目を描こうとするのでなく、対象の知識にもとづいて複数の視点からの見えに分解し再構成して描く。視覚的写実性と異なるこのような描画原理は、リュケの中で同時代の絵画の革新運動と結びついた。20世紀に入ってまもなくフランスを中心におこったキュビスムである。

通信用カード

■このはがきを，小社への通信または小社刊行書の御注文に御利用下さい。このはがきを御利用になれば，より早く，より確実に御入手できると存じます。
■お名前は早速，読者名簿に登録，折にふれて新刊のお知らせ・配本の御案内などをさしあげたいと存じます。

お読み下さった本の書名

通 信 欄

新規購入申込書 お買いつけの小売書店名を必ず御記入下さい。

（書名）	（定価）¥	（部数） 部
（書名）	（定価）¥	（部数） 部

（ふりがな）
ご 氏 名　　　　ご職業　（　　歳）

〒　　Tel.
ご 住 所

e-mail アドレス

ご指定書店名	取次	この欄は書店又は当社で記入します。
書店の住　所		

郵 便 は が き

恐縮ですが、
切手をお貼り
下さい。

101-0051

（受取人）

東京都千代田区神田神保町三―九
幸保ビル

新曜社営業部 行

通
信
欄

6章　子どもの絵とキュビスム

大学や短大の発達心理学の授業で子どもの絵について習った人がいたら、知的写実性を特徴づけるフレーズとして「子どもは見えているものではなく知っているものを描く」という表現を聞いたことがあるだろう。子どもの絵は「視覚」中心でなく「知識」中心なのだ、という解説がよくなされる。しかし20世紀初頭に初めて子どもの描画理論をつくろうとしたリュケが強調したかったのは、「見えたもの」よりも「知っているもの」を中心に表現するのも写実（リアリズム）なのだという点である。これこそ、彼の同時代におこった美術上の革新の動き――キュビスム――に呼応してリュケが立てた描画研究の大前提だった。さらにそれは、後にピアジェが子どもの発達心理学のグランドセオリーを構築する際の重要な導きとなった（8章）。この章では、リュケが描画発達論を構想する際にヒントにしたキュビスムについて少し詳しく見てみたい。

1　キュビスム――新たなリアリティの追求

キュビスムは、自然を分析的・構成的に捉えたセザンヌの絵に触発されて20世紀初めにおこったとされる。キュビスムのキューブ（立方体）とは自然を構成する基本要素のイメージである。前述したようにピカソはその運動を主導した代表的な画家であった。キュビスムは単なる新奇な表現技法の追求にとどまらず、アートによって表現される現実（リアリティ）とは何か、従来と異なる表現方法によってどのような新しいリアリティが実現され得るのか、という根本的な問いを伴っていた。

産業革命から百年あまりがたった19世紀の終わりから20世紀初めにかけて、ヨーロッパでは新しい技術が次々に発明され、人びとに全く新しい世界観をもたらした。たとえば映画を初めて見た人たちは、それをスクリーン上の映像と捉えることができず、感心するよりも大いに戸惑いショックを受けた。無線通信は現実世界の知覚の常識を覆しただろうし、鉄道や飛行機のスピードはそれまでとは異次元の空間認識をもたらした。新しい技術の発明と進歩によって、人びとの世界の知覚と経験のしかたが大きく変わりつつあったのである。

それはアートが表現しようとしている現実認識が根本的にゆらぐことであった。世界は目に見えるとおりの不動で確固としたものなのか？　それまでのアカデミックな伝統絵画は、単一視点にもとづく遠近法や明暗の法則によって、確固たる世界の似姿を画布の上に再現しようとするものであった。果たしてそのようなアートは新たな知覚・経験世界の表現たり得ているか？　画家たちの間で既存の絵画の大前提が見直され始めた。その先頭に立ったのがキュビスムだった。[注12]

キュビスムの草創期からの理解者であり批評家であったダニエル＝アンリ・カーンワイラー[35]は、その問題意識を端的に次のように書いている。

［ルネサンス以来の表現様式の下では］造形芸術とそれが表現している外的世界とをすでに与えられたものとして受容して差し支えないし、また受容すべきだとされている。しかしわれわれはそれでは不満である。つまりわれわれの考えている経験的な外界、物象の世界とはいったい何なのだろうか？（邦訳 p.96）

ルネサンス以来の表現様式が唯一の〈ありのまま〉の表現ではないのだという自覚がここに表明されている。カーンワイラーによれば、経験的外界の認識は、記憶イメージの集積とそれにもとづく想像力の所産であり、芸術はそれらを更新する役割を担うという。

あるいはこう言ってもいいかもしれない。美術家というものは、どの世代に属するにせよ、その眼である、と。彼らはその世代に「見る」ことを教えているのである。記憶の中のイメージと、新しく創造されるイメージとは、ともに自然と芸術とをその水源としながら、つねに相関関係を保っているが、ここでより重要な働きをしているのはやはり芸術の方である。（邦訳 p.100）

どのような絵が現実を〈ありのまま〉に描いたものかは、その時代の支配的な表現様式によって変わっていくのであり、それを主導するのが芸術家だ（その世代に「見る」ことを教える）と述べられている。キュビスムは、単一視点からの静止画像的な絵が〈ありのまま〉の表現だとは限らないことを指摘し、全く新たなアプローチによってリアリティを表現しようとしたのである。では、キュビストたちが考えたアプローチはどのようなものだったのだろうか。

2　アートとしての知的写実性

キュビスムにかかわった詩人のギヨーム・アポリネールは、1912年に発表した文章[1]で、キュビスムを「視覚の現実ではなく概念の現実から抽出した諸要素をもって新しい全体的効果を描く芸術」と定義した（邦訳 p.150）。キュビスムは、移動する視点、複数の視点から得られる対象の見えを統合することで、〈今対象がどのように見えているか〉よりむしろ概念的な対象把握（目の前の対象はどのようなものであるか）を表現しようとした（概念的リアリズム）。絵を見る人に頭の中で画家の対象把握を再構成させることによってリアリティの表現をねらったのである。カーンワイラーは、ピカソらが熱心に研究したアフリカやオセアニアの彫刻を論じた文章の中で、「［キュビスムの作品は］見る人の脳裏の中ではじめて、そこに表された〈現実〉の創造過程を終わらせる」と述べている[注13]。

アポリネール[1]は上述のフレーズに続いて次のように書いている。

内面的現実は、誰でもが知覚できるものである。事実、たとえば1個の椅子はそれをどう置こうとも、4本の脚と座部と背を持たなくなることはない、ということを了解するのに、教養人になる必要はないのである。（邦訳 p.150）

ここで述べられている椅子のイメージを、5章で見た子どもの絵（図5-9）と重ね合わせることはそれほど無理ではないだろう。子どもがこのような絵を描くところを頻繁に目にしていたリュケが、子どもの絵の特徴をキュビスムの言う「概念的リアリズム」の一種と捉え、知的リアリズム（知的写実性）と名づけたと推測するのは、決して突飛ではないと思う。

リュケにとってヒントになったであろう発想をさらにキュビスムの運動に探すならば、画家としても有名なフェルナン・レジェが同時代の美術的転回を論じた文章[36]の中で、「視覚のレアリスム」と「概念のレアリスム」とを明確に対比させている。前者は「遠近法的工夫を介入させる」ものであり、「印象派の人びとに至るあらゆる古い絵画を含めてその曲線を完了」したとし、後者が「印象派の人びとから始まった」（邦訳 p.180）とされている。つまり「レアリスム」の表現が、印象派からセザンヌを経てキュビスムに至るこの時期に大きく変わったというのである。

ここで、アポリネールやレジェが「概念の現実」「概念的レアリスム」というときの「概念」の意味に注意しておきたい。アポリネールは「内面的現実は誰でもが知覚できる」のであり、椅子が4本の脚をもつことを了解するのに「教養人になる必要はない」と書いた。つまりここで言う「概念」とは、人から教わったり本を読んだりして得るような言葉を媒介とする知識ではなく、対象とかかわることで子どもでも直ちに認識されるような、対象の定義的特徴とも言い得るものという意味での「概念」なのである。

リュケ[41]は、次のように知的写実性をアートの一様式として位置付けている。

知的写実性は、子どもの絵を、空間の表現のために平らな彫刻であることを可能にし（もっとも彫刻は子どもの絵のように透明にはならないが）、それと同時に、時間の表現のために圧縮された舞台であることを可能にする。知的写実性は普遍的なアートであり、少なくとも捨て去る前に真剣に検討するに値するものである。（邦訳 p.263を一部改変）

ふだん経験する知覚世界を単一視点から見た遠近法的規則によって秩序づけるのでなく、三次元空間（立体性）や時間的広がりを別の方法で表現することを「可能にする」知的写実性が「普遍的なアート」と呼ばれている。キュビスム＝概念的リアリズムのバリエーションとしてのチャイルド・アートの宣言だと言ってよいだろう。

3　知的写実性の発達

子どもは知的写実性という描画原理を使ってどのような絵が描けるのかを探求し、絵を発達させる。リュケが著書[40]に載せた娘シモーヌの絵の中から、家の中を描いた絵を見てみたい。家の中は自らの移動に伴って認識される。たくさんの対象の中から何を選びどのようにまとめあげるかは発達の余地が大いにあるだろう。著書の巻末に載っている600枚あまりの絵の中から、3歳から5歳にかけての絵を見てみよう。絵の中の文字は著者による書き込みである。

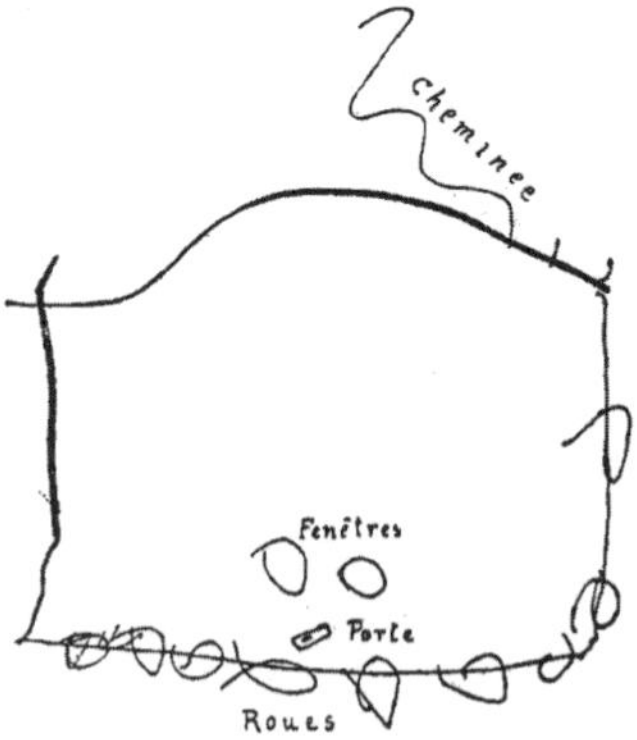

図6－1　3歳5か月
（Luquet, 1913 [40] 巻末 No.224）

〈1〉3歳5か月（図6－1）上に煙が出ている煙突があり、家の真ん中に二つあるマルは窓である。その下の小さな長方形は玄関であり、下と右側の線上にあるマルは道である。家を外から見て描いたようにも見えるが、道を表すマルが右側面の線にそって描かれていることからすると、輪郭線は家全体を上から見たところの輪郭でもあるらしい。外（正面）から見たところと上から見たレイアウトとが一枚の絵の中に共存している。

〈2〉4歳2か月（図6－2）同時に描かれた3枚の絵。左は人形（頭足画）がベッドで寝ているところ。右側は女性で、頭の上に長く立っているのはヴェールである。中央は家の絵で、上に

図6－2　4歳2か月（Luquet, 1913 [40] 巻末 No.503-509）

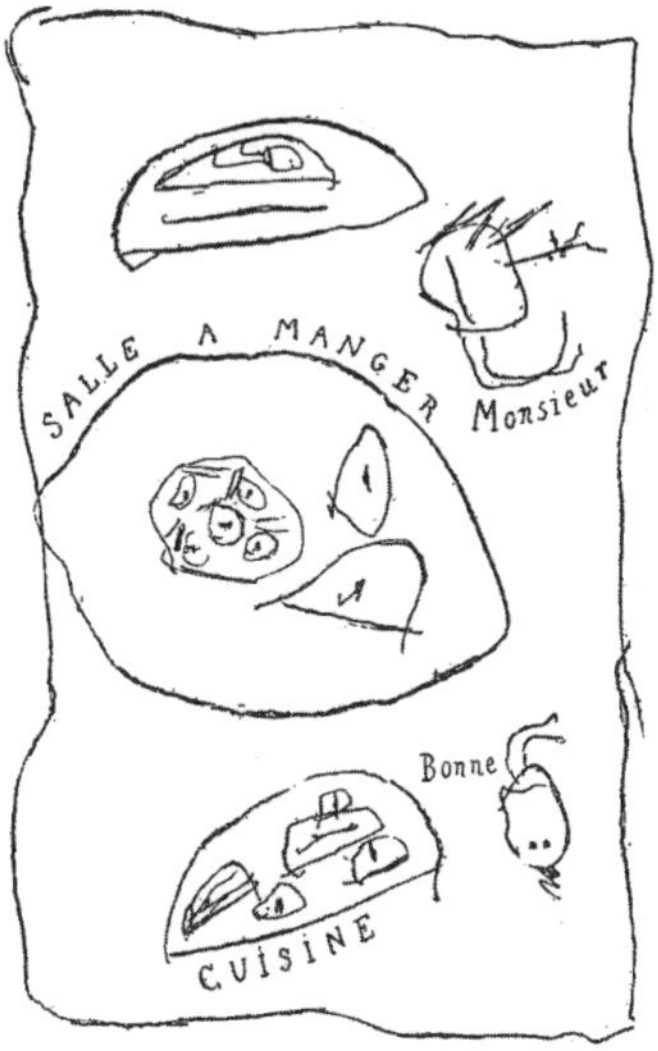

図6－3　4歳3か月
（Luquet, 1913 [40] 巻末 No.540）

煙突、下に玄関があり、家の中には二つの部屋と人間（上下逆さの頭足画）、それにベッドで寝ている人形が描かれている。煙突と家の中のレイアウトが同じ平面に描かれていることに注目されたい。この頃からシモーヌは頻繁に家の中を描くようになり、内容がみるみる詳しくなっていった。（なおベッドの輪郭から放射状にたくさん出ている線はベッドの脚を表していると思われるが、3章で述べたイガイガ画から派生したものかもしれない。）

〈3〉4歳3か月（図6－3）煙突は省略され、家の中の部屋と、その中にあるものが詳しく描かれている。真ん中の大きなマルは食堂（salle à manger）で、食べ物がのっている。その下には台所（cuisine）が描かれ、その右にいる逆さの頭足画は女中

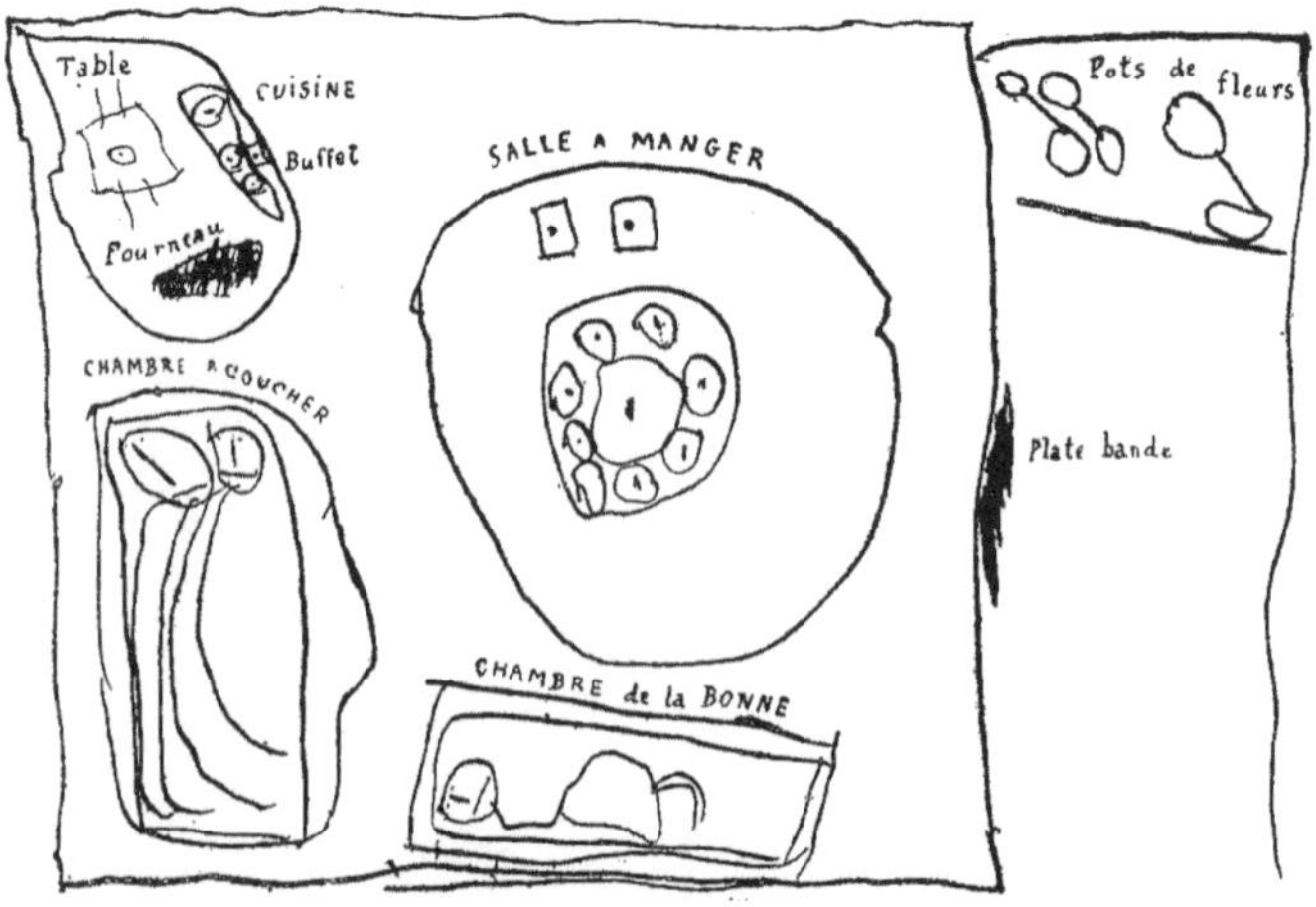

図6－4　4歳6か月（Luquet, 1913 [40] 巻末 No.655）

（Bonne）である。上下逆さに描かれているが、このように描かれた頭足画はシモーヌの絵には多い。食卓の右上にいる頭足画は父親（Monsieur）、画面の一番上の小さな頭足画はベッドで寝ているシモーヌ自身であろう。

〈4〉4歳6か月（図6－4）　左上隅は台所で、テーブルは4本の脚が押しつぶされて展開図のように描かれている。スクリブルで黒くなっている部分は調理用のかまどであり、右の大きな円は食事をとる部屋である。左下は寝室で、人（頭足画）が二人寝ている。頭足画は足を長く描くことで大人を表すことがあるので、おそらく両親であろう。画面下はいわゆる女中部屋。その中にいる人物は頭と胴体が分離して描かれている。3か月前の絵（図6－3）では部屋と人が別々に描かれていたが、ここでは部屋にいるべき人がその部屋の中に描かれている。

〈5〉5歳5か月（図6－5）　玩具店に客が買い物をしに入り、店員の応対を受けて品物を買って出て行くまでを一枚の絵に描いたものである。A1は店に入った女性客。B1（画面左上）にいた店員を呼び、ベッドに寝ている人形がほしいと告げお金を渡す。店員は画面手前の売り場（台）にある人形を取り（B2）、画面左下の金庫のあるところに行っ

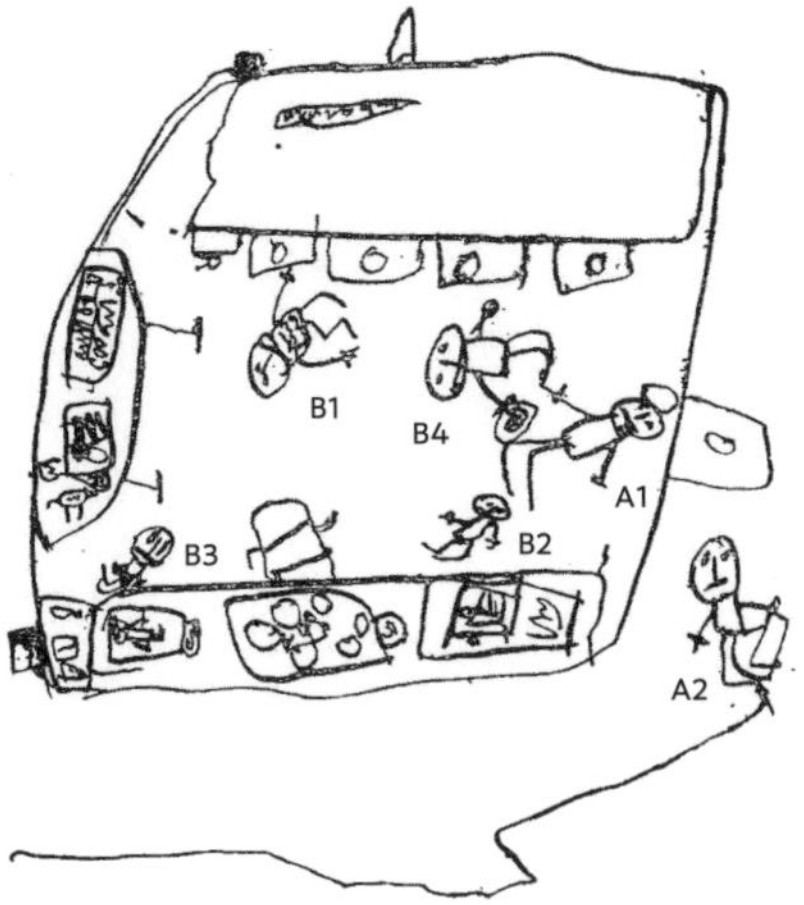

図6－5　5歳5か月（Luquet, 1913 [40] 巻末 No.879）

てお金の出し入れをし（B3）、片方の手で品物を、もう片方の手におつりを持って客に渡す（B4）。客は品物をもって通りに出る（A2）。なお店内の左の売り場にゲームとその説明書き、猫のぬいぐるみが置いてある。店を一つの舞台とし、そこでおこったできごと（客の買い物）を順をおって描いているのである。

ここで見た絵は、複数の視点から、あるいは時間的経過の中での場面変化をおって描かれている。わずか2年あまりの間に、それも3歳から5歳という幼い年齢で大きく発達していることがわかる。後の方の絵は、知的写実性に関するリュケの言葉――空間の表現のために平らな彫刻であることを可能にし、時間の表現のために圧縮された舞台であることを可能にする――をよく表しているであろう。知的写実性は、幼児期の子どもにとって表現の自由な探求を可能にする生成的な構成原理なのである。リュケ[41]が知的写実性の時期を子どもの絵の黄金時代と呼んだ所以である。

幼児期以降、子どもの絵はいつ頃、どのように視覚的写実性に変わっていくのだろう。次にそれを見てみよう。

7章　子どもの絵の「発達段階」

3章で、絵を描く過程は対象を写真にとって現像するような単純なプロセスではなく、頭の中にある対象のイメージ（表象）がもとになると述べた。それはリュケが「内的モデル」という概念によって20世紀前半に理論化していたことだが、1970年代に認知心理学が表象という概念を確立させ、ようやく心理学がリュケに追いついたわけである。それ以降、リュケの描画理論をもとにしながら、イギリスを中心に子どもの絵の実験的研究が盛んになった。探究の焦点は知的写実性から視覚的写実性への発達的変化であった。

1　知的写実性から視覚的写実性へ

リュケによれば、子どもは9～10歳に知的写実性から視覚的写実性へと移行する。その際の発達的変化はどのようなものだろうか。

知的写実性と視覚的写実性との違いは、自分の視点からは隠れていて見えないものをどう描くかによく表れる。視覚的写実性は見えていないものを描かないが、知的写実性は隠れているものもまるごと描く。そこで子どもの前に一部が隠れて見えない状態の対象を置いて絵を描いてもらうさまざまな実験がなされた。

（1）取っ手が向こう側にあるカップをどう描くか

ある実験ではマグカップを子どもに渡してよく見せた後、取っ手を向こう側にまわした状態でテーブルに置いた[20]。そして「あなたから見えるとおりに描いてください」と教示した。絵を描く位置から取っ手は見えず、かわりに反対側の側面に描かれた花の模様が正面に見えた（図7－1）。被験児は5歳から9歳各12人だった。結果は、5歳では全員、6、7歳でも9～10人が取っ手を描き、花の模様を描く子は少数だった。すなわち「見えるとおりではなく、そこにあると知っているものを描く」知的写実性の絵が多かった。

図7－1　取っ手が向こう側にあるマグカップを絵に描く

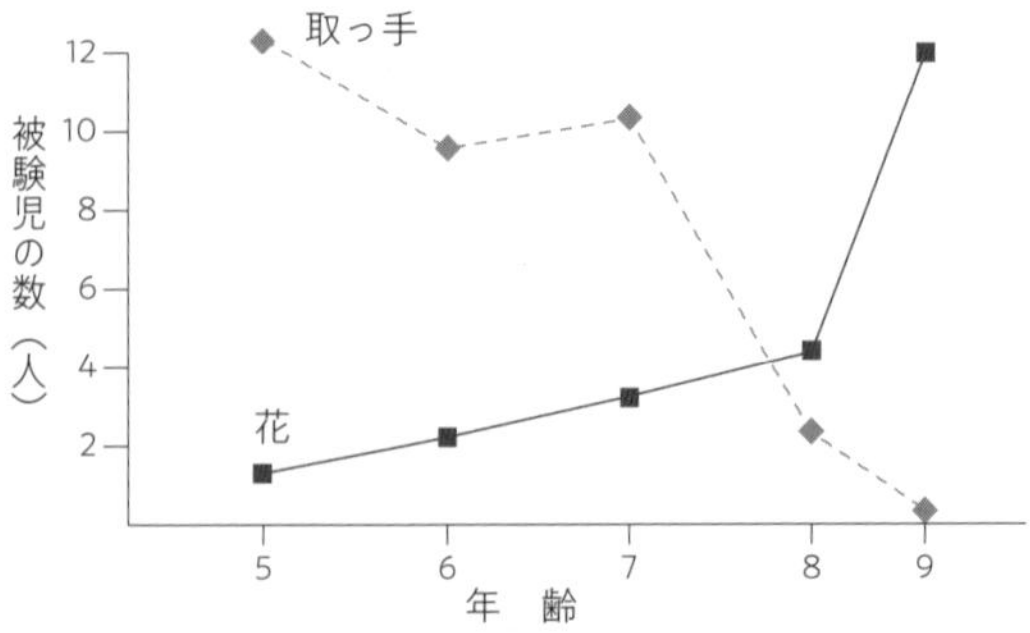

図7－2　マグカップの絵の発達的変化
（Freeman et al., 1972 [20], p.1120より改変）

8歳で傾向が大きく変わり、9歳では全員が花の模様を描き取っ手を描かなかった。マグカップの絵に何を描き入れたかの発達的変化をグラフにしたのが図7－2である。

各年齢の絵の例を表7－1に示した。左右2列あるうちの左の列は、実験前にマグカップをイメージして描いたもらったものである。5歳から8歳までほとんどの子に取っ手がある。マグカップに取っ手はなくてはならないものだからである。右の列は、取っ手が向こう側にある状態の実際のカップを見て描いたものである。

表7－1　各年齢でのマグカップの絵の例
（Freeman et al., 1972 [20], p.1119より改変）

年齢	マグカップのイメージ画	実際のマグカップの絵
5;0		
5;5		
6;0		
6;2		
7;4		
7;5		
8;0		
8;6	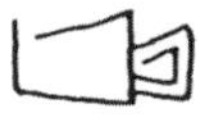	

5～7歳ではイメージしたカップと目で見たカップとがほとんど変わらない場合が多い。それに対して8歳ではイメージ上のカップは取っ手があるが、目の前のカップの絵では取っ手を描いていない。[注14]

（2）手前のものに隠れたものをどう描くか

次に手前－奥の位置関係で並んだ二つのものを描く実験[9]を見てみよう。子どもの前に色違いの2個のボールが手前と奥に置かれた（図7－3）。奥にあるボールは手前のボールに少し隠れて見える。その「隠れている」状態を描けば視覚的写実性、二つのボールをまるごと並べて描いた絵は知的写実性の絵ということになる。後者では二つを横に並べる場合と縦に並べる場合がある。4歳から10歳までの子どもに絵を描いてもらい、それら三つのパターン（視覚的写実性、横に並べる知的写実性、縦に並べる知的写実性）がそれぞれどのような割合になったかをグラフにしたものが図7－4である。

グラフからわかるように、7歳までは知的写実性が優勢である（特に縦に並べる描き方が多い）。視覚的写実性の絵は7歳でも2割程度だが、8歳で一挙にはねあがり7～8割に達する。先のマグカップの場合と同じく、7歳と8歳の間でパラダイムシフトと言ってもおかしくないような大きな変化が生じることがわかる。

知的写実性の絵を少し詳しく掘り下げてみよう。2個の物体はたいてい縦または横に並べて描かれるが、物どうしの位置関係は正しく描かれるのだろうか。それともただ二つを並べるだけで、位置関係は保持されな

図7－3　手前－奥に置かれた2個のボールを絵に描く

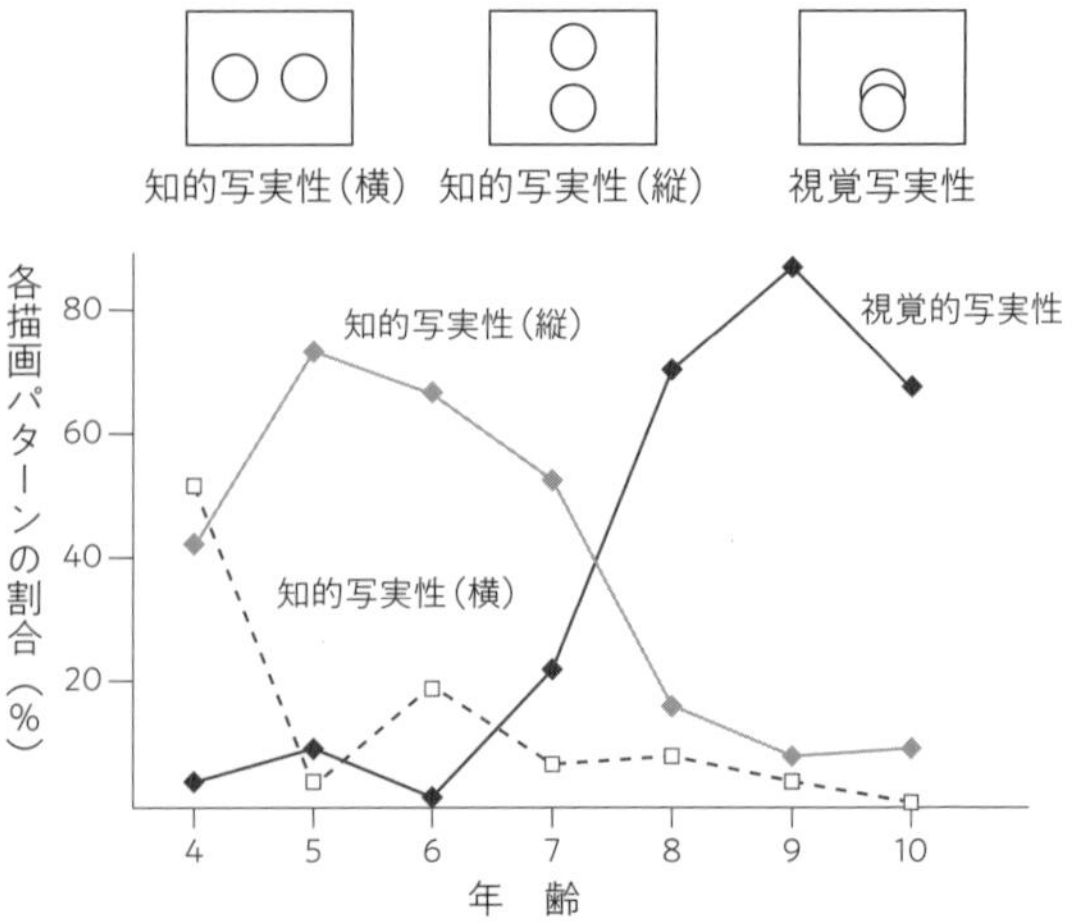

図7－4　手前－奥の絵の発達的変化
（Cox, 1981 [9], p.280より改変）

いのだろうか。ボールではそれが区別できないので、前後の方向性が明確なもの――ブタの置物――を二つ、手前－奥に並べて5～7歳児に描いてもらった実験[37]を見てみよう（図7－5）。描き手の目の前に赤いブタのお尻があり、そのブタの向こうにやはりお尻を描き手に向けて緑色のブタが置かれている。描き手から見ると緑のブタは赤いブタに隠れている。

図7－5　2匹のブタが手前と奥に置かれる

結果はボールを描いた場合とだいたい同じで、5～6歳児では2匹のブタをまるごと縦または横に並べて描く知的写実性の絵が多かったが、8歳では視覚的写実性の絵が多数をしめた。知的写実性で描かれた2匹のブタの関係をよく見ると、8割の子が2匹のブタの位置関係を正しく表現した。すなわち赤いブタの前（鼻先）に緑のブタがいるという関係が保持されていた（図7－6①・②）。知的写実性の絵を描く子どもは、そこにあるものをただまるごと描いているわけではなく、それらの位置関係を再現しているのである。（なお視覚的写実性では、手前の赤いブタのお尻を描いた絵（図7－6③）が多かった。）

このことは、知的写実性は「内的モデル」のみにもとづいて絵を描くわけではなく、目の前にあるものを自分が見たときの実際の位置関係をも表現しようとしていることを示している。描き手の立場に立つと、ちょっと頭や身体を動かせば2匹のブタの全身が見えるわけで、知的写実性とはそのようにしたときに見えるように描いた絵とも言えるのである。もし「知覚」という言葉を「今この瞬間の見え」に限定せず、視点の移動を伴う時間的幅のあるものとして使うのであれば、子どもは知覚情報にもとづいて絵を描いているとも言えるのではないか。言いかえると、大人が「子どもは見えるものではなく知っていることを絵に描く」というとき、知覚についての暗黙の考え方がはたらいている。それは「知覚（視覚）＝今この瞬間に目に見えている」という仮定である。しかしそれとは異なる知覚の捉え方があるだろう。

ここでいったん描画を離れ、人間の知覚を説明する知覚心理学に目を転じてみたい。心理学の他の分野と同様、この分野でも20世紀に大きなパラダイム転換がおこり、それまでと前提を全く異にする理論が提案された。その考え方は子どもの絵を理解するための大きなヒントとなる。

① 知的写実性（横）
（Light & Humphreys, 1981 [37],p.525より改変）

② 知的写実性（縦）
（Light & Humphreys, 1981 [37],p.525より改変）

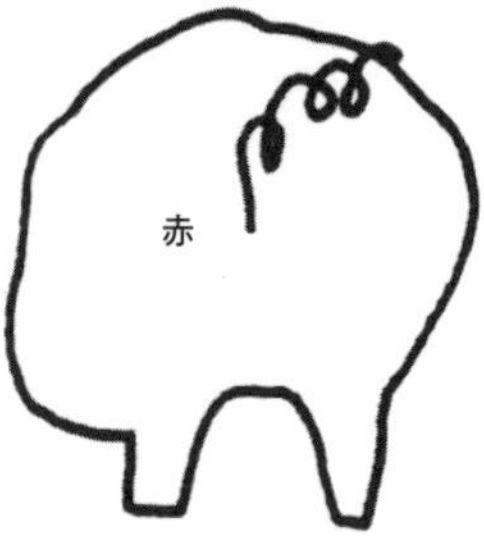

③ 視覚的写実性
（Light & Humphreys, 1981 [37],p.525より改変）

図7－6　手前－奥の表現の３つのパターン

2　ギブソンの知覚心理学――「見えている」の意味

旧石器時代に洞窟の壁に動物の絵が描かれて以来、長い間絵とは対象の像（イメージ）を何かの表面に描きつけるという以上のものではなかった。しかしルネサンスの時代、絵を窓のアナロジーで捉え、窓の外に見える対象の像が光にのって目に届くというモデルのもとに「外界をありのままに描く」ための理論と方法（線遠近法）が考え出された。図7－7は後述するギブソンの著書[26]からとった。矢印の下の枠内に描かれたものは、固定視点からの外の景色を窓の面に投影したものである。手前のものが遠くのものより大きく、床面の正方形は台形になる。この窓のガラス面を画布に置きかえ、窓から見える景色の光学的構造と全く同じ光学的構造を画布上に再現するなら、その絵から目に届くものは窓から外の景色を見たときと同じになるはずだという論理である。対象の像を目に運ぶものとしての光（光線）という概念が考え出された点が画期的であり、そのようにして描かれた絵は本物と見紛うほどのリアリティをもつと考えられた[26]。

19世紀に入り、なぜ人間の目にものが「ありのまま」に見えるのかを探求した心理学は、網膜上に映る像を知覚の出発点と考えた。そして現実世界を二次元平面（画布）上へ忠実に（見る人にイリュージョンをもたらすほど）再現し得るとする絵画の理論が、画布を網膜像に置きかえることで知覚心理学に取り入れられた[7][26]。現実世界が光学的情報として網膜上に像を結ぶプロセスを逆にたどる形で、網膜像をもとに脳の推・論によって現実世界が再構成されるという知覚心理学の枠組みが成立したのである。

20世紀の中頃、そのような知覚理論とは根本的に異なる理論がジェームズ・ギブソンによって提案された[25][26][27]。ギブソンの問題意識は次のようなものであった。従来理論によれば、知覚は静止状態の網膜に届いた光刺激を

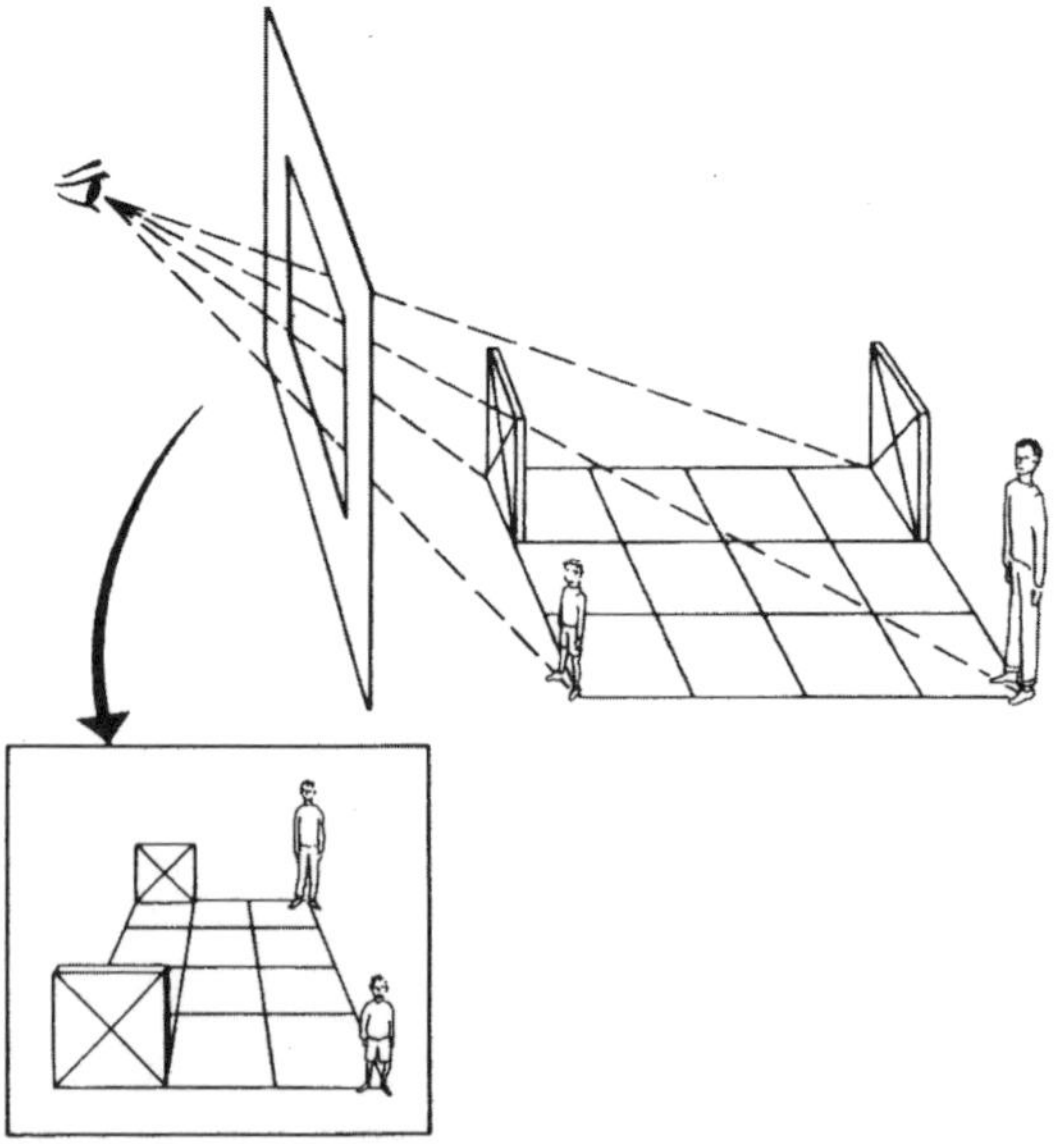

図7－7　遠近法の原理（Gibson, 1966 [26], p.232）

もとに外界を推論した結果だというが、私たちの外界の知覚はもっと確実で直接的ではないか。従来理論が依拠した絵画の線遠近法は、部屋の中から窓の外の世界をじっと静かに見ている状態を知覚のモデルとしていた。もっと言えば、片目を閉じ一方の目だけ（単一視点）で外界を見るときの知覚を基本状態として想定していた。

それに対してギブソンは、私たちの日常的な知覚が、外界を探索する行為を伴うものであることを重視した。従来理論では、窓の外がどのような世界かは一つの視点から見えるものをもとに推論するしかない。しかし外の世界をよく知りたければ、見る位置を少し移動することでずっと確実な情報が得られるではないか。私たちが外界を知ろうとしたら、静止した網膜像上の――いわば一枚の絵の中の――情報（手がかり）から推論するより、見たいもののまわりを移動したり、小さな物であれば手の上でころがして眺めたりして認識する。そのような「探索行為を伴う知覚」こそ知覚理論が前提にすべき、日常的で典型的な知覚だとギブソンは考えたのである。彼は従来理論が視知覚の基礎としたものを視覚野（visual field）、彼の理論がフォーカスする視知覚を視覚世界（visual world）と呼んだ。[25][注15]

探索行為を理論に組み入れるということは、知覚を目（網膜像）と脳だけで説明するのでなく、身体全体を知覚システム[26]として概念化することを意味する。私たちの知覚システムは移動や探索の時間をかけ、いくつもの異なる視点から対象を捉えるのである。そうして得られた対象の知覚情報を、ギブソンは不変構造（invariant structure）、あるいは不変項（invariants）と呼んだ。視点を移動しても変わらない、対象らしさを構成しているものということである。

動く視点から見える世界を知覚の基本とする理論に立って、ギブソン[27]は子どもの絵について次のように述べている。

> 子どもが最初に人間やトラックやテーブルを描くとき、子どもはすでに不変項に気づいており、それを表現するのだと私は言いたい。……したがって子どもはテーブルを描くとき、長方形の面と、その四隅から4本の脚が出ているところを描くのである。それが子どもが気づいているテーブルの不変項だから。これは、子どもはテーブルについて見ていること、すなわち感覚ではなく、知っていること、すなわち概念を描くのだという説明よりよい説明である。（p.287：強調はギブソン）

これを読むと先のアポリネールの言葉が思い出されるだろう。彼は概念的リアリズムを説明した際、「1個の椅子はそれをどう置こうとも、4本の脚と座部と背を持たなくなることはない、ということを了解するのに、教養人になる必要はない」と述べた。そこで想定されていたのは、ギブソンの理論でいう知覚情報としての不変項だと考えてよいだろう。

先の実験で見たように、目の前に描画対象を置かれ「見えるとおりに」描くよう教示されたとき、7歳以前の子どもは見えないものまで絵に描いてしまう（知的写実性）。「見えているとおりに描いて」と言われたのだから、わざわざ見えているとおりに描かず「知っていること」を描こうとしてはいないのではないか。指示されたとおり、「見えているとおり」に描いているのではないか。ただし大人が考えるような、「その瞬間に目に入っている視覚情報にもとづいて」描いてはいないのだというのが、ギブソンの知覚理論が指摘することである。

8章 子どもの絵とピアジェ理論

1 児童研究運動

リッチやサリー、リュケらが子どもの絵の収集と研究を始めた19世紀末から20世紀初めは、子どもの発達そのものの研究が本格的に始まった時期である。同時に、子どもに関する実証データにもとづいて教育改革を行おうとする気運が欧米で高まった。その中心となった児童研究運動（child-study movement）について簡単に見ておこう。

この運動を主導したのは、アメリカのスタンレー・ホールである。ホールはドイツのヴィルヘルム・ヴント（巻末の注［9］を参照）のもとに留学し心理学の学位を得て、帰国後にアメリカ心理学会を設立し初代会長となった人物である。心理学の方法を使って子どもの発達を研究し、その成果をもとに公立学校のカリキュラムを子ども中心（child-centered）のものにする運動を展開した。

当時の学校のカリキュラムは、大人が新しいことを学ぶプロセスをモデルとして考えられていた。また、具体的なことを学ばせるのでなく、多くのことに応用できる「やり方（ハウツー）」を教えることが重視された。基礎的で単純な「やり方」から始めて徐々に高度なものにし、具体的なものの応用へ向かう。カリキュラムはそのような「論理的順序（logical order）」にそって構成されていた。[4]

その考え方の背後には、子どもの心は白紙（タブラ・ラサ）のごときものであり、教師は望むものをそこに描きこめるという経験主義的な前提があった。教育は子どもにドリルを課して基礎から教えることが基本だとされ、ドリルを課された子ども自身の心とその発達に着眼する発想が乏しかった。それに対して、発達は生物進化と同じ過程をたどるとする「反復説」を信奉していたホールは、人間の発達は進化の歴史の反映なのだから、学校教育の「論理」によってどうにでも変えられるという前提は無理があると考えた。児童研究運動は子どもの発達がどのように進むかを観察・記述し、学ぶ主体としての子ども自身をカリキュラムの中心にすえること——「論理的順序」ではなく「発生的順序（genetic order）」によるカリキュラム構成を主張した。[4]

ここでいう発生学とは、「反復説」に基礎づけられた成熟説であった（3章参照）。それによれば、生物体の形態や構造、それと結びついた生理学的基盤の発達過程は、進化の反映としてあらかじめ決まっているとされた。そして生理学的状態の発露とみなされたのが子ども自身の興味や関心であった。つまり子どもの興味こそ発達の「自然な傾向」の表れであり、生理学的機構が成熟すればさまざまなことに対して自然に興味がわく。教育はそれを待つべきだと考えられたのである。

ホールと同時代を生きたリュケも発生学的な見方を共有していた。[41]著書の最後で美術教育に言及し、次のように書いている。

> 確実かつ根本的なことは、子どもの自然の性向に真っ向から逆らっては、いかなる進歩も期待できないということである。教育というものは、子どもの自然の性向に頼り、それを満足させる上でより適切な力添えをするにとどめておくべきものなのである。（邦訳 p.269）

2　ピアジェ理論へのリュケの貢献

児童研究運動の「子ども中心」の発想を受け継いで生まれた研究上の大きな成果が、ピアジェの発達理論だと言ってよいだろう。ただし発達の基本的な考え方については、ピアジェはホールと異なり、成熟説に反対する立場をとった。発達はその初期（発生段階）では遺伝的作用の役割が大きいとしても、その後は主体が外界と相互作用をすることでつくり出されていくと考えた。彼は半世紀以上にわたって子どもの思考や認識を研究し、発達理論を発表し続けた。20世紀後半にそれまで有力な発達観であった成熟説が衰退したのに伴い、ピアジェの発達理論は発達心理学の基礎となった[注16]。

ここでは、リュケの描画理論がピアジェに与えた影響に注目したい。子どもの絵は外界のものを表現しようとしているというリアリズムの主張は、発達には外界が大きな役割を果たすと仮定して研究を始めたピアジェにとって大きなヒントとなったのである。

（1）ピアジェの発達研究

ピアジェは淡水性の貝の生態を研究して生物学の学位を取得した後、子どもの思考の研究に着手した。最初の著作である『子どもの言語と思考[49]』の序文で、彼をルソー研究所に招聘したクレパレードは、それまでの発達研究は心理学というより論理学の観点からなされていたと書いている。児童研究運動以前の教育カリキュラムが「論理的順序」にもとづいていたのと同様に、大人が新しいことを学ぶプロセスをモデルとし、それに子どもの知的発達をあてはめていたという。つまり子どもを大人の初心者と同じように考えたわけである。それに対してピアジェは、子どもにさまざまな質問をすることによってその思考様式のデータを集め、大人とは異質の、子ども独自の思考プロセスを探求した。以下、ピアジェの初期の著作[49][50][51][52]に依りながら、その発達理論の枠組みを見てみよう。それらの著作ではいずれもリュケの理論が紹介されており、彼の描画理論が重要な導きとなったことがうかがえる。

(2) 子どもの思考のリアリズム

ピアジェが子どもの認識や思考を研究するにあたって、(1) 子どもの思考は現実世界に向かっているはずだ――言いかえると子どもの思考はリアリスティックだ――という仮定を立てた。その上で、しかし (2) 子どもの認識や思考のしかたは大人と同じではなく、子ども独特の思考のしかたがあるだろう。ピアジェはこのような仮定を立てた上で研究を始めた。

ピアジェが子どもの思考が現実世界に向いているはずだというとき、対極のものとして想定したのはブロイラーのいう「自閉症的」思考 (autistic thought) であった[49][50]。ブロイラーは統合失調症を概念化したスイスの精神医学者であり、「自閉症的」思考がその初期症状とされた。(なおここでいう「自閉症」とは、現在の自閉症スペクトラムとは異なる概念である。)

ピアジェによれば、健常者の思考は外的世界 (リアリティ) に適応し、それに作用を及ぼすことを目的とするという意味でリアリスティックである。推論をする際には自分がおいた前提に照らして正しいか間違いかが論理的に考慮され、矛盾を避けようとする。また思考のプロセスは基本的に言語化でき、他者に伝えることが可能である。それに対してブロイラーのいう「自閉症的」思考は、現実世界への適応を志向せずに夢想的世界をつくり出す。真実を明らかにするというより自己の欲望を充足しようとし、言葉によって他者とコミュニケートすることが困難である。

（3）子どもの自己中心的思考

子どもの思考はそれら両極の間に位置し、特殊な論理を有する「中間形態」である。すなわち外界への適応を志向するが、自分の見方や考え方を相対化できず、それを絶対的なものと捉えてしまう傾向がある。したがって自分の考えを他者の立場から他者にわかるように言語化することがうまくできない。それをピアジェは自己中心的思考（egocentric thought）と呼んだ。

自己中心的思考を私たち大人の経験でたとえれば、何かむずかしい問題を考えていてわかったと思って視界が開けたように感じるとき、何がどうわかったのかを言葉にすることがむずかしい。ピアジェのいう自己中心的思考とはそのような状態である。[49] 自分の感覚や考え方を相対化できないことは、論理的推論においては、他者と共有可能な枠組みを設定することができず、仮定を現実と混同してしまう傾向として表れる。それによって前の話との間に矛盾がおこっても意に介さない。すべてを「現実」という同じ平面上に置いてしまうからである。それは子どもの絵に特徴的な、複数の視点からの見え方を一つの絵に共存させることに通じている（たとえば先のマグカップの描き方）とピアジェは述べる。子どもの推論の特徴について論じた個所で、ピアジェ[49]は次のように知的写実性と関係づけている。

子どもは、私たちが知っているように、もっぱら身のまわりにあるもの（家など）を描くことから描画を始める。その意味で子どもはリアリストである。しかし子どもはそれらを見えるように描くのでなく、固定的な図式的型に還元してしまう。一言でいえば、子どもはそれが何々であるとよく知っているものとして絵に描く。そのような意味で子どものリアリズムは視覚的ではなく知的（intellectual）である。この原始的な描き手の論理は、子どもっぽくはあるが完全に合理的である。というのは、子どものリアリズムは、横顔に二つめの目を描き足したり、外から見た家に部屋を描きこんだりするからである。したがってこのような知的写実性は、描画の領域を超えて、私たちが別の個所で示したような意義をもつ。…［論理的推論においても］子どもは与えられた前提を実際的な意味でしか検討しようとしない。私たち大人は与えられたどんな「データ」でも、それをもとにして議論ができるが、子どもにはできないのだ。［したがって］子どもは目の前の相手と視点を共有することができない。子どもはリアリティから手を放してしまうよりむしろ矛盾する方を選ぶ。そのような意味で子どもはリアリストである。しかし一方、子どもがつねに執着し続けるそのリアリティは、純粋に目で見たことの結果というより、心の中で構成したものを出力したものである。子どもは自分が知っていて予期するものだけを見る。…太陽が生きていると信じているなら、それは空を歩いていると見るだろう。太陽が生き物ではないと信じているなら、それはいつもじっとしていると見るだろう。一言でいえば、子どもは彼が絵に描くようにものを見て考えているのだ。子どもの思考はリアリスティックだが、知的な意味においてそうなのである。（p.185：強調は鈴木）

子どもは現実（リアリティ）を理解しようとせずに好き勝手なことを夢想しているわけではない。つねに現実を理解しようとするという意味で子どもは「リアリスト」である。しかしそのときに自分のイメージや知識が侵入するのを子どもは自覚しない（描画における知的写実性）。ピアジェはそれを自己中心的思考と呼んだのである。

（4）子どもの自己中心的世界観

自分の思考を相対化できないことは、身のまわりの世界の認識のしかたについても独特の形として表れる。たとえば生物と無生物の違いや、太陽や月がなぜ動くのかといったことを、子どもはどのように理解しているのだろうか。このような、子どものもつ世界の概念（conception）をまとめた著書[51]の第一部「リアリズム」では、子どもにとって現実とは何か、という問題が扱われている。ピアジェによれば、リアリズムには2種類ある。外的世界を認識する際には、認識する自己が絶えず侵入するが（主観的認識）、そのことを自覚し自分の認識を相対化した上で世界を理解するのが「客観的」なリアリズムである[注17]。それに対して、主観の侵入に無自覚なリアリズムが、子ども独特のリアリズムである。

リュケが著書[41]の中で、子どもはしばしば絵に描いた物の名前をその脇に書き込むが（字もろくに書けないうちから！）、それは物の名称がその物の一部だと考えているからだと書いている（邦訳 p.183）。ピアジェはこれを、子どもが自分の心の中で構成したものを物そのものと区別しない例――子ども独特のリアリズムとして引用している[51]。子どもは自分が世界をどう捉えているか（自分の視点）を自覚していないという意味で、外界にのみ意識が向いている一方的なリアリスト――客観性に欠けるリアリズムの持ち主だとピアジェは主張するのである。

9章　個人内多様性からの発達論

子どもの描画や思考、認識は大人とは異質の特徴をもつと捉え、「知的写実性」や「自己中心性」という発達段階を仮定することは、子どもは小さな大人であるという思い込み（それにもとづいた大人中心の教育カリキュラム）を相対化する上で有効だった。しかし、子どもは大人と全く異質な考え方をつねにしているかというと、それは極端な見方だろう。そのように捉えてしまうと、子どもがどのように発達し大人に近づいていくのかが説明できないからである。知的写実性や自己中心性の「段階」にいるとされる子どもは、もっと年上の子と同じような絵の描き方や思考のしかたが全くできないのだろうか。状況によってはできることがあるのではないか。幼い子どもの中にそのような可能性を織り込むことで、発達段階説を補完するのが個人内多様性の考え方である。それはリュケの著書[41]の中に見出すことができ、また、１９７０年代以降の認知心理学がもっていた観点でもある。それぞれを見てみよう。

1　二つの描画原理の共存

(1) 知的写実性と視覚的写実性の描き分け

リュケの理論を大づかみに言うなら、子どもの絵は知的写実性から視覚的写実性へと発達すると言ってよいだろう。ただ彼はそれが段階的変化であることをそれほど強調していない。つまり、子どもは7歳前後になるまで「見えるとおり」の絵は描けず、それ以降は「見えるとおり」の絵しか描かない、とは述べていない。むしろ二つの描画原理が共存し得ることを指摘している。

先に述べたように、美術史の上では線遠近法による描画法の代案としてキュビスムが考え出されたのであり、一方から他方へと自然に変異したわけではない。両者は異なる描画原理である。それを子どもの描画発達に援用したリュケは、[41]「視覚的写実性は知的写実性と同様に約束事（convention）にすぎない」（邦訳 p.263）ことをおさえた上で、「視覚的写実性と並行して知的写実性が存続する必要がないかどうかについて問うてみること」（同 p.262）の重要性を指摘する。そして子どもが視覚的写実性の絵を描くようになり、さらに大人になってさえも、状況によっては知的写実性の絵を描くことがあり得ると述べている。

人体測定写真では正面からと側面からの像が二重になっているし、建築家の図面は正面図や平面図、それに種々の面で切断した断面図を使用している。これは要するに、子どもが一つにまとめてしまうさまざまなイメージを一連のイメージに分けて示し、それを見る人に頭の中にその事物全体を思い描かせ、その内部を洞察させるためのものである。さらに進んでエンジニアや機械技師や建築家が、子どものように一つの絵の中に異なる視点からの像を混在させることがないと言えるだろうか。（邦訳 p.262）

ここであげられているのは特定の専門分野における絵（図）の描き方である。専門家が対象をできるだけ詳しく正確に描写する際には、複数の視点から描くことがしばしばあり、それは知的写実性の描画原理に通じると考えられる。

知的写実性と視覚的写実性は基本的に共存し得るのであり、子どもでもそれらを場面によって使い分ける。[注18] リュケは「他人のために描くときには、どうかすると自分自身の型ではなく、その人の型通りに描くことすらある」（邦訳 p.76）と書いている。学校に提出する絵を描く場合は、先生がよしとする「型」のとおりに描くことがあるというのである。

図9－1　2匹のロバの描き分け
（Luquet, 1913 [40] 巻末 No.1637）

図9－1の2枚は、シモーヌが8歳4か月のときに学校の宿題として描いたロバの絵である。上の図は何度も練習して完成させた下描きだが、学校に提出するノートには下の図のように描いた。顔の形や耳の大きさ、お尻の大きさや尻尾の長さなどバランスがとれており、鼻の穴が二つから一つに変更され、蹄が描き加えられている。「子どもが同じモチーフに異なる二つの型を同時に用いることがあるのを認める必要がある」（邦訳 p.77）とリュケは述べている。学校で教えられた描き方をマスターしたとしても、それは学校向けの表現であり、描き方のレ

パートリーが増えたにすぎないのである。「子どもは自分自身がまだ知的写実性に依拠していても、先生は視覚的写実性を好み、それを教えようとしているのだと感じとっているようである。」（同）

（2）幼児は「見えるとおり」の絵を描けるか

それでは、知的写実性の絵をもっぱらに描くとされる幼児が視覚的写実性の絵を描く可能性はないだろうか。リュケ[41]は次のような興味深い事例を報告している。

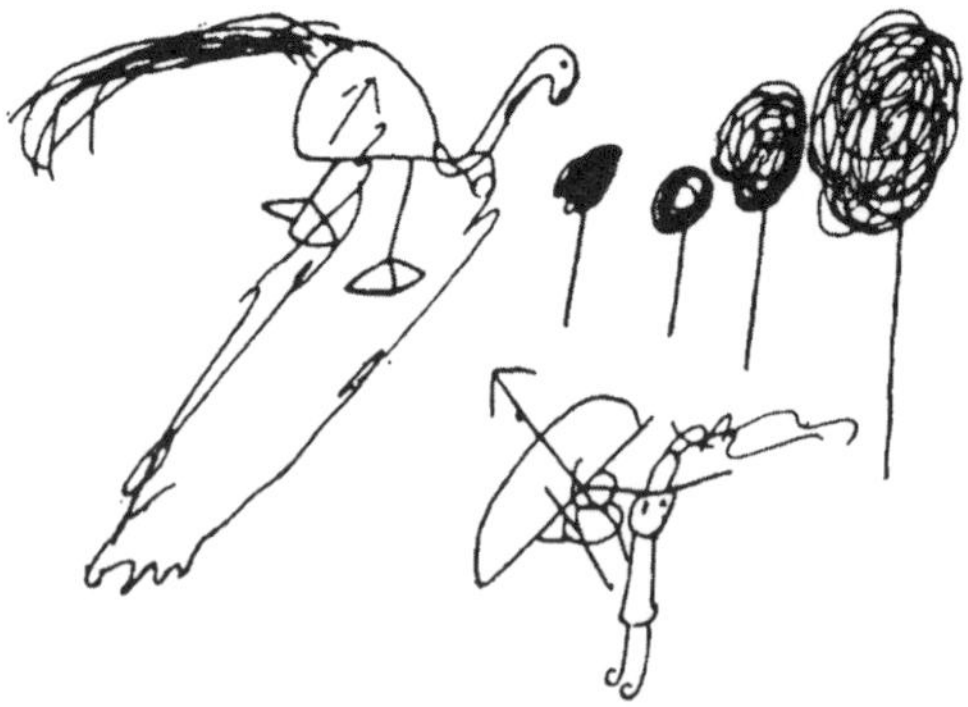

図9－2　鷲を退治するお話の絵
（Luquet, 1927 [41], 邦訳 p.215, No.137）

図9－2は、リュケの息子ジャンが6歳4か月のときに描いた絵である。描き手は、猟師が鷲に向けて矢を射る場面を描いた。猟師は、友だちの小鳥を鷲が襲うので退治しようとしていた。矢を弓につがえたところと、矢が鷲に刺さって体内にあるところ、そして下方に流れた血が描かれている。先に見たシモーヌの買い物の絵のように、一連のできごとの経過が描かれており、その点は知的写実性の表現と言ってよい。しかしここにいるはずの小鳥が描かれていない。ジャンは「鳥は木の中に隠れているから見えないんだよ」と言ったという（邦訳 p.215）。小鳥がそこに〈いる〉ことは知っているが、鷲に見つからないよう〈隠れている〉から描かないと言っている。それは視覚的写実性の表現である。子どもは、「隠れていて見えない」――もっと言えば「見えてはいけない」理由がはっきりしていれば、見えていないものを絵に描かないことが可能なのではないか。そ

れを実証した実験を次の節で紹介したい。

2　認知心理学による実験的研究

心理学の世界では１９７０年代になると認知心理学が台頭し始めた。コンピュータによる情報処理の用語によって思考や知覚のプロセスを記述し行動を説明するアプローチである。（本書1章でプランニングという認知的概念で子どもの絵の産出過程を記述した。）認知心理学は人間の行動を「問題解決」として捉えることも大きな特徴である。問題を解決しようとする際にはさまざまなやり方があり、「方略（strategy）」と呼ばれる。ほとんどの問題解決において方略は一つではなく、複数考えられる。方略の概念は個人差や発達差を分析的に記述することを可能にし、さらに「別の方略の可能性」という発想をもたらした。通常はあまり見られない解決のしかたを被験者に促し、通常の方略とパフォーマンスを比較する実験的研究を発展させたのである。

絵を描くことは、三次元立体を二次元平面に表現するという「問題解決」とみなし得る。子どもの場合、通常は知的写実性という方略が用いられることが多いとしても、視覚的写実性という別の方略を子どもが選択する条件を考え、それを強調する実験状況を工夫することで、発達的に高次の絵が描かれる可能性が探求されたのである。ここでは二つの研究を紹介したい。

（1）カップの取っ手

先に、マグカップの取っ手を向こう側にまわした状態で子どもの前に置き、「見えるとおりに」描いてもら

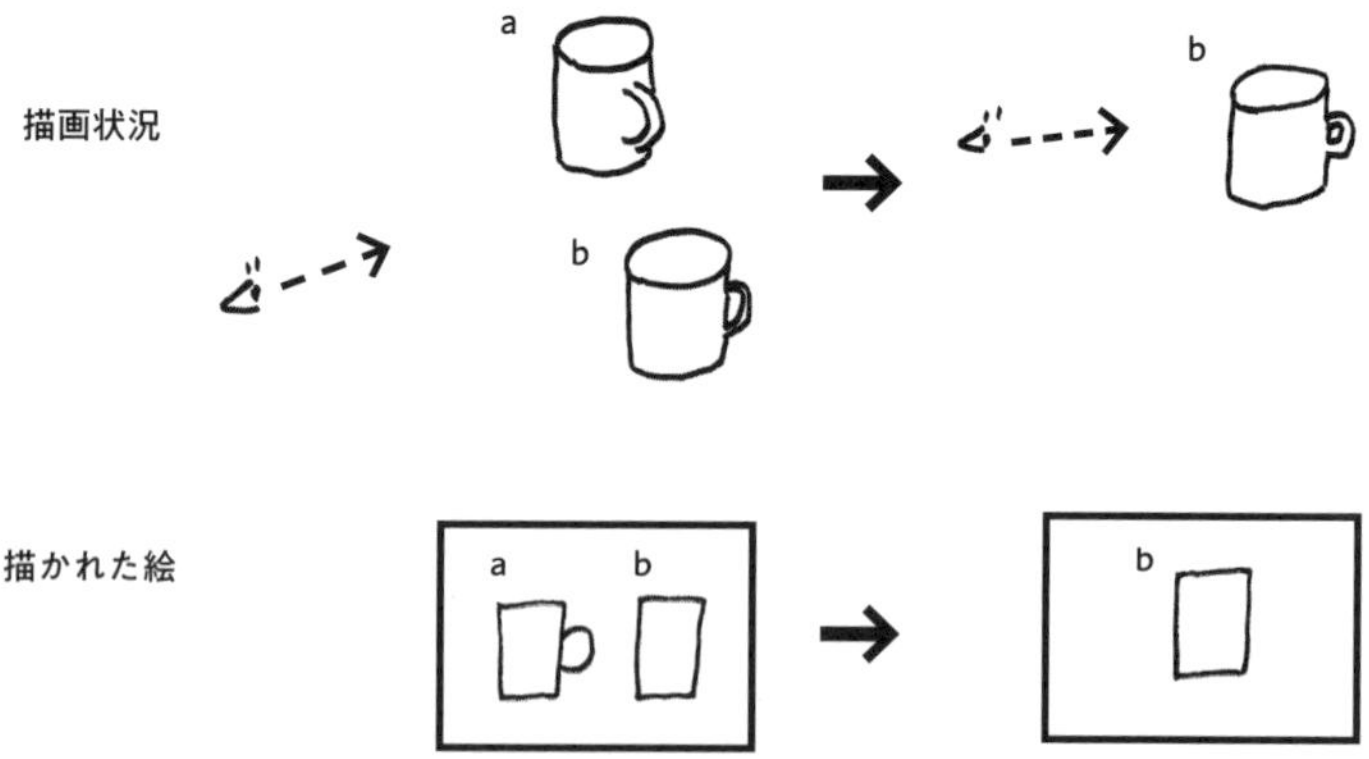

図９－３　向きの違う２つのマグカップをはじめに描く

う実験を紹介した。7歳以前では取っ手を描き入れる子どもがひじょうに多かった。しかし幼児に自分の視点からの見え方を意識させることで、視覚的写実性の絵（見えない取っ手を描かない）を描かせることが可能ではないか。

具体的には、たとえば取っ手の見えないカップを、取っ手が見える状態で置かれたカップとペアで並べて子どもに提示することで、前者のカップは取っ手を省略して描かれるのではないか（図9－3左）。二つのカップの見え方の違いに子どもが注目すると予想されるからである。4歳から6歳の子どもに試した結果、そのとおりの結果になった[15]。さらに、ペアのカップを描いた後で、取っ手の見えるカップを取り除き、取っ手の見えないカップ一つだけを置いて描いてもらったところ、48人中37人が、引き続き取っ手を描かなかった（図9－3右）。幼児でも「見えるとおり」の絵をかなり描けることがわかった。

次にもう少しむずかしい対象を使って試してみた。マグカップではなく、ビールのジョッキのような透明なグラスを題材にした[16]。この場合、取っ手を向こう側にまわしてもグラスを通して透けて見える（縦長の長方形の形に）。従来の理論からすると、そのような状態を「見えるとおり」に描くのは子どもにはむずかしいと予想された。取っ手が透けて見えることで、取っ手が「ある」ことを表現しようとし、側面の一方に取っ手をつけた知的写実性の絵が増えると予想された。

マグカップのときと同じデザインで実験をしたところ、予想に反して、マグカップとほぼ同じ結果が得られた。すなわち4～7歳児48名のうち32名が、「取っ手が横に見えるジョッキ／向こう側にあるジョッキ」というペアの描画の後で、取っ手が向こう側にある単独のジョッキの絵を描くよう求められた条件で、いずれも視覚的写実性の絵（ジョッキの〈側面〉に取っ手を描かない）を描いた。興味深いことに、ほとんどの子がジョッキの〈中〉に細長い四角を描き入れたという。幼児はそれまで考えられていたよりも「見えるとおり」の絵を描けるようである。

（2）手前－奥の関係

2個のブタの置物を描かせる実験[37]からわかるように、幼児でも視点を意識し二つの位置関係を正しく再現し得る。リュケが紹介した鷲を矢で射る少年の絵から考えると、描き手が「奥のものは手前のものの後ろに隠れている」ということ（見えていない理由）を納得していれば、その部分は絵に描かない――すなわち視覚的写実性の絵を描くと予想される。

その仮説を証明すべく、コックスは「警官に追われたどろぼう（人形）が壁の後ろに隠れている」という状況をつくった[9][10]（図9－4）。2個のボールや置物をただ手前－奥に置くかわりに、子どもを警官に見立て、逃げているどろぼ

図9－4　壁の向こうに隠れたどろぼう人形

図９－５　「壁－どろぼう条件」の４歳児の絵（Cox, 1992 [11], p.118）

うが壁（レゴブロック）の後ろに隠れている、というストーリーを話してきかせた。その上で、目の前に置かれた壁とどろぼう（人形）を4歳から10歳の子に描いてもらった。描き手から見るとレゴブロックの壁の上にどろぼう人形の頭が少し見えている。壁と人形とをそれぞれまるごと描くと知的写実性、人形の見えている部分だけ描くのが視覚的写実性と判定された。焦点は、知的写実性が優勢とされる年齢の子たちが、人形の頭から下を隠して描くかどうかである。

手前－奥に置かれた二つのボールを絵に描いてもらう従来の条件（統制群）と比較すると、違いは歴然としていた。4歳児でも、「壁－どろぼう条件」では半数以上が人形の一部が隠れた状態の絵を描いた。実際に描かれた絵を図9－5に載せた。a～cが視覚的写実性、dとeは知的写実性にあたる。仮説のとおり、「見えていてはいけない」理由がわかっていれば、幼児でも視覚的写実性の絵を描くのである。[注19]

(3) 新しい発達の見方へ

コックス[11]は描画研究のさまざまな知見を総括して、次のように述べている。

多くの研究が、状況によっては4歳くらいの幼い描き手でも、自分の見たものを描くために手持ちの図式を修正することを示している。したがって子どもの発達を、リュケのいう知的写実性から視覚的写実性へと階段を上がるような突然の進歩として記述するとしたら誤解を招く。ある一つの種類の描き方から別の描き方への変化は、むしろ強調したいものがシフトすることなのである。（pp.106-107）

描画の発達を「強調したいもののシフト」と捉えることは、言いかえれば、対象について知っていることを強調したいか、自分の視点からどう見えているかを強調したいか、両者の間で選択がされるということである。これは、リュケが二つの描画原理が共存していると指摘したことと整合している。一人の個人を、あるいは一つの年齢を、たとえば「知的写実性の段階」と単一に規定するのでなく、状況によって知的写実性の絵も視覚的写実性の絵も産出し得ると仮定するのが個人内多様性の考え方である。子どもは一定の年齢に達する前は発達的に高次の考え方を全くしない、できないわけではない。知的写実性の表現や自己中心的な思考と、大人に近い絵の描き方や思考のしかたとの間をゆらいでいると考えることで、発達しつつある子どもの姿をより正確に捉えられるのではないか。次の節では、それを実証した研究を紹介しよう。

3　個人内多様性への着目——シーグラーの実験

個人内多様性に注目するアプローチは、一人の個人の中で問題解決のしかたが複数あることが通常の姿であり、それらが競合する（ゆらぐ）中で理解が深まり学習が進むとする考え方である。子どもの数の概念を題材にし、認知発達研究を大きく前進させたロバート・シーグラーの実験[58]を見てみたい。

子どもの自己中心的認識を示す典型例として、ピアジェが報告した「数の保存（非保存）」がよく知られている。多くの子どもは3～4歳で数を数えられるようになるが、数が抽象概念であることを大人と同じようには理解していない。ものがいくつあるかは本来、それらが密集しているかばらけているかといった状態に左右されないが、そうした数の抽象性は幼児にとって自明ではない。それを端的に示すのが「数の保存」課題である。課題を簡単に説明しよう。

子どもの前におはじきを同数ずつ二列に並べ、どちらの列のおはじきが多いかと問う（図9－6左）。子ど

図9－6　一般的な「数の保存」実験の課題

もは「同じ」と答える。次に片方の列のおはじきどうしの間隔を広げて列を長くして同じ質問をすると、幼児の多くが列が長くなった方を「多い」と答える（図9－6右）。おはじきの数は変わっていないという認識がされていないと考えられるので「非保存」と呼ばれる。描画の発達と同じく7歳前後に大きな変化が見られ、列の長さに惑わされずに「（2列の数は）同じ」と正しく答えられるようになる（「数の保存」の達成）。

また頭足画と同様に、大人からの教示やはたらきかけでそう簡単には「保存」の状態へと変わらないことが知られている。課題は大人から見るととても単純で、「列の長さではなく、数がいくつあるかにもとづいて答えればいいんだよ」と教えればたやすく「保存」の段階に至りそうだが、そうはいかない。ただ描画と違って正解がはっきりしているから、子どもの誤答（非保存反応）に対して正解を繰り返しフィードバックすることで、幼児の数の概念に変化を生じさせられるかもしれない。シーグラーの実験[58]を見てみたい。

（1）実験の方法

実験では、子どもたちは自分が回答した保存反応や非保存反応の説明（理由づけ）をするよう求められた。非保存の反応をした子がつねに「列が長いから」と説明をするわけではないし、正解した子が必ず数の足し引きに言及する（「足したり引いたりしていないから」）とは限らない。子どもに説明をさせると、一人の子の中でたいていバリエーションがある。シーグラーは、そのバリエーションの種類や多さがその後の学習効果を予測するのではないかと考えた。

実験では、おはじきのかわりにボタンを2列に並べた。そしてピアジェのオリジナルの課題にいくつかの変形版を加えた。たとえば次のような問題である。

- ボタンの足し引きはなく、列を長く（短く）する（オリジナルの課題）。（図9－7（ア））
- ボタンを一つ足す（引く）ことで列の長さを長く（短く）する。（同（イ））
- ボタンを一つ足す（引く）が列の長さは変えない。（同（ウ））
- ボタンを一つ足して（引いて）かつ列の長さを短く（長く）する。（同（エ））

これらのうち最初のオリジナル課題は（列の変形後に）「同じ」と答えるのが正解だが、残りの三つはいずれも片方の列にボタンが一つ足されたので、そちらを「多い」と答えるのが正解である。要するにボタンが新たに足されたかどうかだけに注目し、それにもとづいて答えれば正解となる。説明としては「数がふえたから（足されたから）」というのが「正しい」説明ということになる。

プレテストでこれらの課題を課し、正答率が2割以下（オリジナル課題での正答ゼロ）の子たちを45名集め（平均年齢は5・17歳）、三つのグループに分けて数の保存に至るためのトレーニングを実施した。プレテストでもトレーニングでも、課題に子どもが回答したら、それに対してテスターが正誤をフィードバックし、子どもたちに「説明」を求めた。どのような説明を求めるかで、次の3群（各15名）が設けられた。

（1）「あなたはなぜそう考えたの?」と問い、子どもの回答の理由を説明させる群。

（2）「私はなぜそう考えたと思う?」と問い、テスターが正解のように考えた理由を説明させる群。

正解の理由を考えるよう求められた（2）が、トレーニングの効果がもっとも大きいだろうと予想された。

（3）正誤のフィードバックをされるだけで説明は求められない統制群。

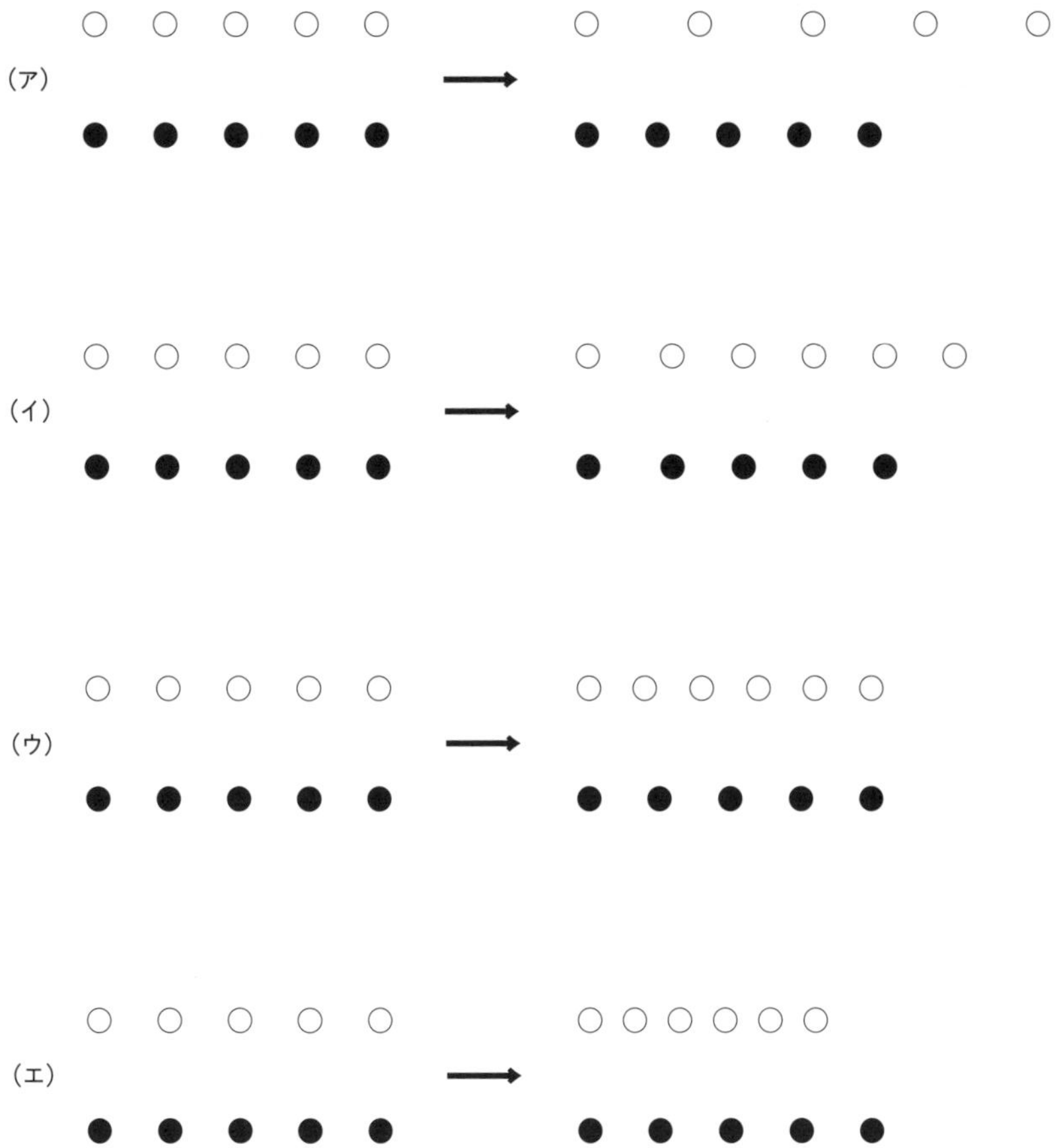

図9－7　シーグラーの「数の保存」実験での課題

子どもによる「説明」はいくつかに分類された。ボタンの数の足し引きに言及する説明（正しい説明）、列の長さに言及する説明、「数を数えたから」という説明（だから正解したとは限らない）、さらに「わからない」というのも説明の一つとされた。

（2）実験の結果

4セッションのトレーニングの結果、最初1割台だった正答率が、（1）（3）の二つの群で4割弱、（2）で8割近くに達した。テスターが正解のように考えた理由を考えさせることが、確かに大きなトレーニング効果をもったのである。説明の中で数の足し引きに言及した者の割合も（2）が抜きんでて高かった。

（2）の群の子どもたちについて、トレーニングに入る前、すなわちプレテストの問題に答えた際のどのような側面（数値）が学習効果を予測したのだろうか。次の五つの候補が考えられた。（a）プレテストでいくつ正解したか、（b）説明として「数の足し引き」に何回言及したか、（c）何種類の説明をしたか、（d）一試行で二つ以上の説明を何回したか、（e）年齢、の五つである。

ちょっと考えると、最初から（a）正解（保存反応）や（b）正しい説明が多いことがトレーニングの効果に結びつくと思われるかもしれない。しかしそうではなく、（c）いかにいろいろな説明をしたかが――すなわち説明のバリエーションが多いことが、数の保存の理解にもっとも結びついていた。（（a）と（b）はもっとも予測力が低かった。）だいじなことは、そこでの「説明」には、列の長さに言及するものや「わからない」というのも含まれていた点である。できるだけ多くの考え方に立ってみることで、どれが正しくどれは違っているかを自分で納得するプロセス（ゆらぎ）が認知の発達には必要なのである。[注20]

4 「ゆらぐ」ことによる学習と発達

(1)「ゆらぐ」ことで理解が進む

大人と同じ数の概念をまだ獲得していない(非保存の)子どもの視点に立って考えてみよう。これらの子どもに正解をフィードバックしても大きな効果がない理由は、それだけではなぜそれが正解なのかがわからないからである。列の長さが長くなった方を「数が多い」と答えてなぜいけないのか? もし大人がその理由を子どもに説明するとしたら、列の長さは、数そのものとは関係ないから、としか言いようがないのではないか。

数の非保存反応は、描画発達でいえば、ひし形を模写するよう言われてギザギザの線を描いたり、「見えるとおりに描いて」と指示されて見えない部分も描いたりすることと同様のことだろう。子どもたちは、それらの絵を「まちがい」(おかしな絵)だとは思っていない。発達とは、そういう状態から、(かつ数の保存や視覚的写実性の方が「正しい」理由を大人が明快に説明できるわけではない状況で)子ども自身で、「正解」がなぜ正解なのかを納得することである。そのためには、自力で、時間をかけて、ああかこうかとゆらいでみることが必要なのである。(早くから正解を教えられても、それが正しいことを自分で納得していなければ早晩ぶれてしまう。)

「ゆらぎ」が学習や問題解決での理解を進めることは、大人でも確かめられている。ある研究[47]では、歯車を複数組み合わせた図を見せ、そのうちの一つを回すと他がどう回転するかを問う力学の問題を大学生に出題した。歯車がいくつも組み合わされており、ある歯車を回すといくつか先の歯車がどちらに回り出すのか、あるいは固まってしまって回らないのかを判断するのは、けっこうむずかしい。プレテストを何問かしてもらい、正答率が低かった人たちを集めてヒントを与えた。すると正答率が大きく上がりほぼ全問正解するようになった人たちと、そうでない人たちとに大きく分かれた。その違いを分析したところ、プレテストの問題でいかに多くの考え方を自分で試したかどうかがポイントであった。最終的には見当はずれの考え方も含め、さまざまなアプローチを試した者ほど、ヒントを聞いて正解に至る考え方を見つけることができたのである。[注21]

(2)「ゆらぐ」ことと創造性

新しいことを学ぼうとする子どもや大人がさまざまな視点から考えてみる(ゆらぐ)ことは創造的でもある。ゆらぐことは、上で述べたように、すでにわかっている人から見ると余計なことまでを含めてあれかこれかと思考をめぐらすことであり、「想像力」の過剰による空振り、勇み足ともとられるだろう。ゆらぎを想像力の観点から考えることで、理解することに内在する創造的側面が見えてくる。

ピアジェと並んで今日の発達心理学の基礎をつくったレフ・ヴィゴツキーは、想像力に関する論考[66]の中で、想像力はアートや文学に限らず、科学をはじめとするさまざまな知的活動に必須のものであると論じている。

彼によれば想像力とは、個人のさまざまな直接経験を素材とし、それらを組み合わせることで直接に経験していないものをイメージする心のはたらきである。一般には想像力というと、空想(ファンタジー)と結びつけられることが多いが、ヴィゴツキーは、他者の語りや過去の記録をもとにして、自分以外の人の経験、ひいては過去のできごとや社会を思い描き理解することが想像力の重要なはたらきであるとする。想像によって理解した過去を現在の自分自身の経験と結びつけて理解することで、私たちは現実を社会的、歴史的なものへと拡張しているのである。
見方をかえて言うと、そのような「現実」は、資料や記録をもとに推測されたものであるゆえに、仮説的な面がある。直接経験を超えた現実を想像するというとき、ただやみくもに想像するわけではなく、何が本当におこったのか、関係する他のことと矛盾していないかといったことを、私たちはチェックし吟味している。絶対に正しいという保証はないという意味で仮説であり、また、吟味を加えることでリアリティが増し「現実」の一部となるのである。
例として、ダーウィンの進化理論を考えてみよう。ダーウィンは若いときにガラパゴス諸島を訪れ、多種多様な動植物を目のあたりにした。それらは神がつくったのでなければどのように生じたのか。現実におこり得るどのようなメカニズムによって新しい種がうまれるのか。ダーウィンはその問いに答えるべく、観察事実や資料をもとに自然選択による進化理論をつくりあげた。自然選択の原理は、育種家がハトなどの動植物を品種改良するプロセスをモデルとして考えられたものであった。育種家が個体のほんの小さな特徴に目をつけてその子孫を増やすように、同種個体の「軽微な差異」に対して環境の選択がはたらき、多くの世代を経るうちに新しい種がうまれるとダーウィンは考え、理論として公表した。主著『種の起源』には論拠となる事実がたくさんあげられていて想像力が大いに刺激され、とても面白く読める。自分の経験や既有知識を駆使して想像をめぐらせると、当然ひっかかるところがあるし、釈然としない点、「本当か?」と首をかしげたくなる箇所も出てくる。結果として、自然選択説が理論＝仮説としての性格をもつことに対応して、私たちはダーウィンの議論のところどころでその主張がどのくらい正しそうかという吟味をすることになる。そういったことを込みで『種の起源』は面白く読めるのであり、また、進化のプロセスを現実世界の一部とみなしてよいかどうかを真剣に考えるのである。[注22]
私たちが学ぶ多くのものは、多かれ少なかれ仮説的または暫定的な側面をもつ。対象を理解すべく、自分の経験や知識を動員してさまざまな角度からアプローチする（ゆらぐ）ことで、教師や出題者が想定した理解の姿とは少し違う理解のしかたをすることがあるだろう。それを創造的理解と呼んでもよいのではないか。ヴィゴツキーは、想像力を使って物事を理解する際に創造が伴うのは通常のこと（「ルール」）であって例外的なことではないと述べている。問題を考えるときに大きくゆらげばゆらぐほど——出題者から見ると余計なことをたくさん考えれば考えるほど——、当座の「正解」を超えた理解がなされる可能性が広がるのである。[注23]

（3）発達の多重波モデル

前節で「数の保存」の実験を紹介したシーグラーは、個人内多様性にもとづいて認知発達のモデルを提案した。[59] 従来理論であるピアジェの発達段階説は、発達を大づかみに捉えた一般性の高い記述的モデルである（図9－8①）。シーグラーは、発達段階モデルを補完し、発達や学習がいかに進むのかを説明する理論として、個人内多様性にもとづく「多重波モデル」を提案した（図9－8②）。発達のどの時期においても、人間は一つの問題に対して複数の考え方や解決のしかたをもっている。「数の保存」課題で、幼児はいつも列の長い方を「長いから」数が多いと考えるわけではないし、「数は同じ」と答えることもある。幼児の描く絵は知的写実性と決まっているわけではなく、見た目に忠実な絵を描くこともある。このように個人内ではつねにバリエーションがあり、幼児であっても答え方（パフォーマンス）がいつもワンパターンだというわけではない。

一方で、発達につれてバリエーションの中のどれが優勢となるか——どれが答えとして多く選択されるか——が変化する。数の保存では6～7歳を境に非保存から保存反応へと入れ替わる。描画の発達では7～8歳より前は知的写実性、その後は視覚的写実性が優勢となる。それらの優勢な回答に注目すると発達段階の図ができる。つまり発達段階とは、各発達時期でもっともよく見られる典型的反応をつなぎ合わせたものである。

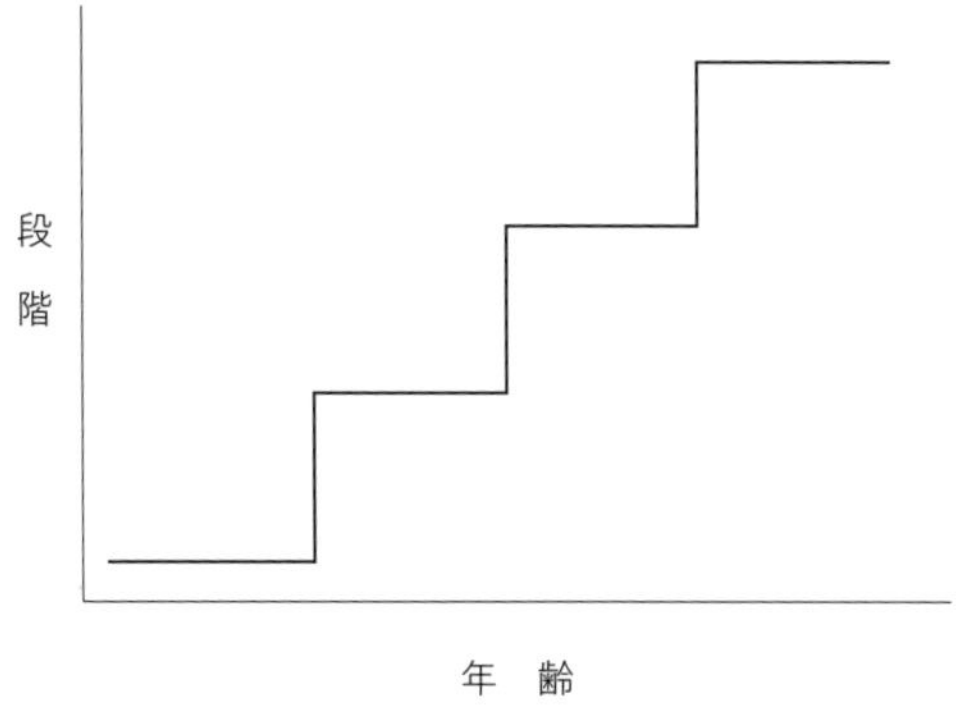

① **発達段階モデル**（Siegler, 1996 [59], p.85より改変）

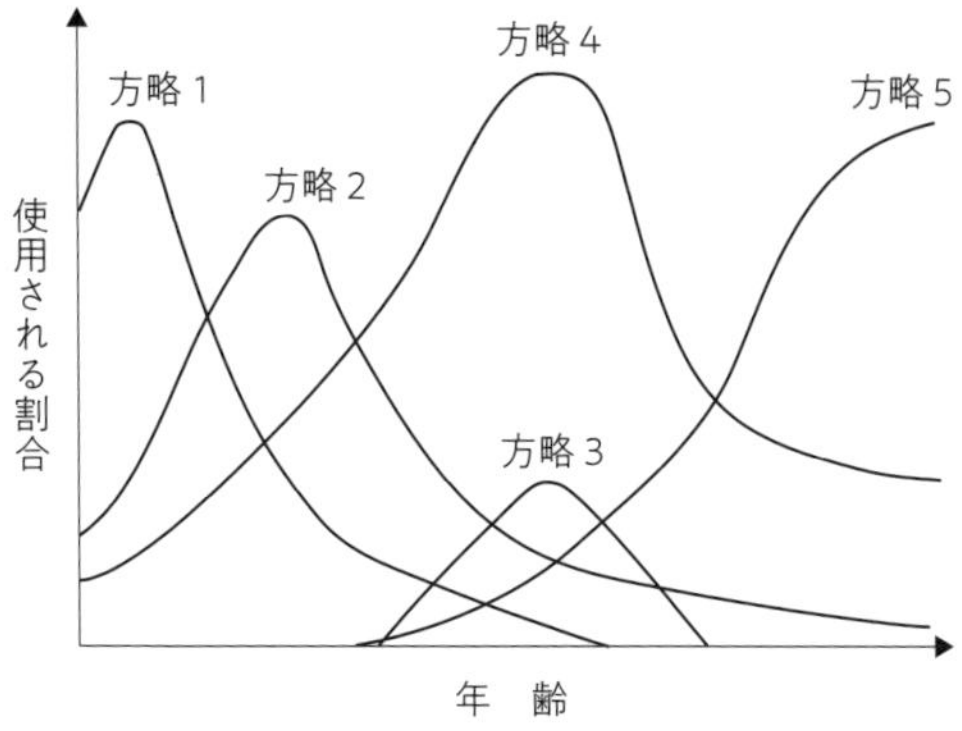

② **多重波モデル**（Siegler, 1996 [59], p.89より改変）

図９－８　認知発達のモデル

小学生の時期に数の保存や視覚的写実性が優勢になるのは、その社会での常識や支配的価値観にそった解決法を選択するようになるためだと考えられる。ただしどのような答えが発達的に「高次」なのかは、その子がどのような社会・文化的環境で成長するかによって異なるだろうし、社会の一般的な考え方も（かつてキュビスムがアートの常識をゆるがしたように）時代とともに変動する。人は個人内多様性をもつことで環境の変化に適応しており、また、個人が発するゆらぎの創造性が環境変化をもたらす原因ともなり得る。多重波モデルは、個人内多様性をもとに、個体発達と環境変化の相互作用を視野に収めた発達モデルなのである。

1章で6人の子どもの絵の縦断的変化を見た。その際、一つの発達時期を一つの絵で代表させるのでなく、複数の絵のバリエーションを考察の対象とした。そうすることで、各時期にどのような発達の可能性があり、何が実際に発達するのかが捉えられた。最後の章では、個人内多様性の視点をサヴァンと呼ばれる子どもの絵に適用し、その発達とアートとしての創造性を考えたい。

10章 サヴァン症候群の描画発達

発達の遅れや知的障害をもっているにもかかわらず特定の領域で傑出した才能を発揮する人がいることが知られており、サヴァン症候群と呼ばれる。1977年、イギリスに住むナディアという少女の驚くべき描画能力についての報告がローナ・セルフェによってなされ、心理学の世界のみならず一般にもサヴァンの存在が知られるようになった。

セルフェの著書[56]は、指導教授のエリザベス・ニューソンの「驚くこと（to marvel）が知識の始まりである」というゴンブリッチの言葉の引用で始まっている。ニューソンやセルフェにとってナディアの絵は文字どおり驚くべき（marvelous）ものだったわけだが、発達心理学的に見て重要だと考えられた大きな理由は、いかに「じょうずに」描けるかが知能と相関するという理論のためであった（1章4節を参照）。後で詳しく述べるが、ナディアは自閉症に伴う重度の知的障害があった。それにもかかわらずすばらしい絵を描くということで注目されたわけで、その場合の「すばらしい」ということの意味は、視覚的写実性を念頭においたものであった。本来は8歳前後に到達するとされた描画発達の段階をもはるかに凌駕する絵が、知的障害をもつ幼児によって描かれたという事実は、発達研究者にとって全く信じがたいことであった。その驚きは今日の発達心理学でも大きくは変わっていない[11]。この章ではまず従来の立場に立ち、個人内多様性の視点も織り込みつつ、ナディアの絵が視覚的にいかに写実的で「じょうず」かを論じる。そして最後に、アウトサイダー・アートの視点からナディアのもつさらに幅広い個人内のバリエーションに注目し、そのアートとしての可能性を考えたい。

1 ナディアの絵

セルフェの著書[56]はB４判に近いくらいの、まるでスケッチブックのような本で、ナディアの絵を原寸大で紹介している。百枚あまりの絵の何枚かは画面いっぱいの大きさで描かれていてとても迫力がある。絵のもつダイナミックな力強さを伝える上で、絵を縮小せずに紹介したことはとても重要だったと思う。以下、おもな絵をいくつか見ていきたい。（キャプションの数字は、著書[56]の中の通し番号である。）

（1）馬の絵

図10－1はナディアが5歳6か月のときに描いた絵である。幼児が描いたとは思えない迫真的な絵であり、サヴァンのもつ傑出した才能を示す例として、心理学の本でときどき紹介される。ここでは個人内多様性の視点をいれながらナディアの絵がどのような点で「すぐれている」とされてきたのかを考えたい。

この絵を少し詳しく見てみよう。まず、人が馬に「またがっている」という状態を描くことはそう簡単ではない。横から見た場合を考えると、乗り手のお尻が馬の背についていれば、こちら側の足が見え、向こう側の足は見えない。つまり「奥にあるものが手前のものに隠れている」表現が求められる。多くの幼児は、乗り手が馬の背中につったっている状態で描くか、まるで馬の胴体が透明であるかのように両方の足を描き入れる

図10－1　ナディアの代表的な絵（5歳6か月）（Selfe, 1977 [56], No.24）

（5章図5－2②）。すなわち知的写実性のパターンで描くことが多い。また、馬に乗った人がラッパを持っているが、手でラッパの軸の部分を「握っている」表現も同様である。握っている軸の部分が指に隠れているように描かなくてはならないが、大人でもむずかしい表現である。

さらにこの絵では、馬に装着された馬具などが詳細に描かれている。馬は足をあげているが、4本それぞれが違うあがり方であり、馬が歩いているときには確かにこのような足の運びをすると思わせるリアリティがある。なお馬の後ろ足の近くに下を向いたリスのような小動物が描かれており、その左側には人の顔が見える。ナディアは描いている途中で何かを思いつくと、そのときに描いている絵に関係なくてもかまわずそこに描きこむことがよくあったという。

馬はナディアが好んで描いたテーマだった。ナディアは3歳のときに突然絵を描き始めたのだが、通常の発達のようになぐり描き（スクリブル）の段階を経ることなく馬の絵を――それもいきなりこのような視覚的写実性の絵を――描いた。図10－2①と②はともに3歳後半の絵である。腹に太い棒がついていることや全体の形からしてメリーゴーランドの人工の馬だとわかる。

一方、これら二つの馬は、同じメリーゴーランドの馬といっても違う点も多い。頭の向き（顎を引いて頭をあげている度合い）や前足を曲げているかどうか、馬具の形など、細部が違うことに加えて、身体全体の向きが違う点に注目したい。図10－2②が真横を向いているのに対して、図10－2①は斜め前を向いており、その奥行きの分だけ胴体が少し短縮されている。首や胸のあたりに量感がありこちらに向かってきている感じがし、奥行きが感じられる。つまりこの2枚は、馬具などのパーツの違いにとどまらず、「真横から見た馬」と「斜め前から見た馬」というように、身体全体のプランニングが異なっているのである。普通の3歳児では、1章で見たように、身体全体の形を変えて描くようなプランニングのバリエーションはほとんど見られない。ナディアは3歳の時点から固定的な「型」にはまることなく、柔軟な写実的表現をしていたのである。

① メリーゴーランドの馬（No.1）

② メリーゴーランドの馬（No.4）

③ 馬の絵（No.6）

図10－2 ナディアの馬の絵（3歳後半）（Selfe, 1977 [56]）

図10－2③は先の2枚より少し後に描かれた。目の表情がかわいらしく、頭部も大きめで、子どもらしさを感じる絵である。ポーズからしてメリーゴーランドの馬ではないだろう。先の2枚と比べても、この2枚の間で比べても、絵のバリエーションが豊かなことが明らかだろう。

セルフェ[56]によれば、この頃のナディアは子ども向けの絵本をじっと見つめ、一日か二日たった後で元の絵とは向きやポーズを変えて絵を描いた。集中してほんの数分でさっと描き上げた後で、身体を後ろへ引いてじっと絵を見つめ、「しばしばほほ笑み、バブバブと声をあげ、うれしそうに手や足をゆすった」(pp.8-9)。そして数分間、夢を見ているようにぼおっとし、再び我に返って絵を描き始めたという。

その後、一年ほど間があり、5歳のときに再び馬の絵を描くようになった(図10－3)。馬は正面向きに近く右斜め前を向いている。そのような向きで馬を描くこと自体大人でもむずかしいだろう。さらに胸から腹にかけては何も描かれてはいないが量感を感じる。少ない線で描かれた足の動きとともに、馬がこちらに向かって走ってきている感じがするのである。アメリカの書評誌がセルフェの著書[56]を取り上げた際、この絵を原寸大に近い大きさで最初のページに配し、美術のトレーニングを受けないと描けないレベルだと評している[17]。

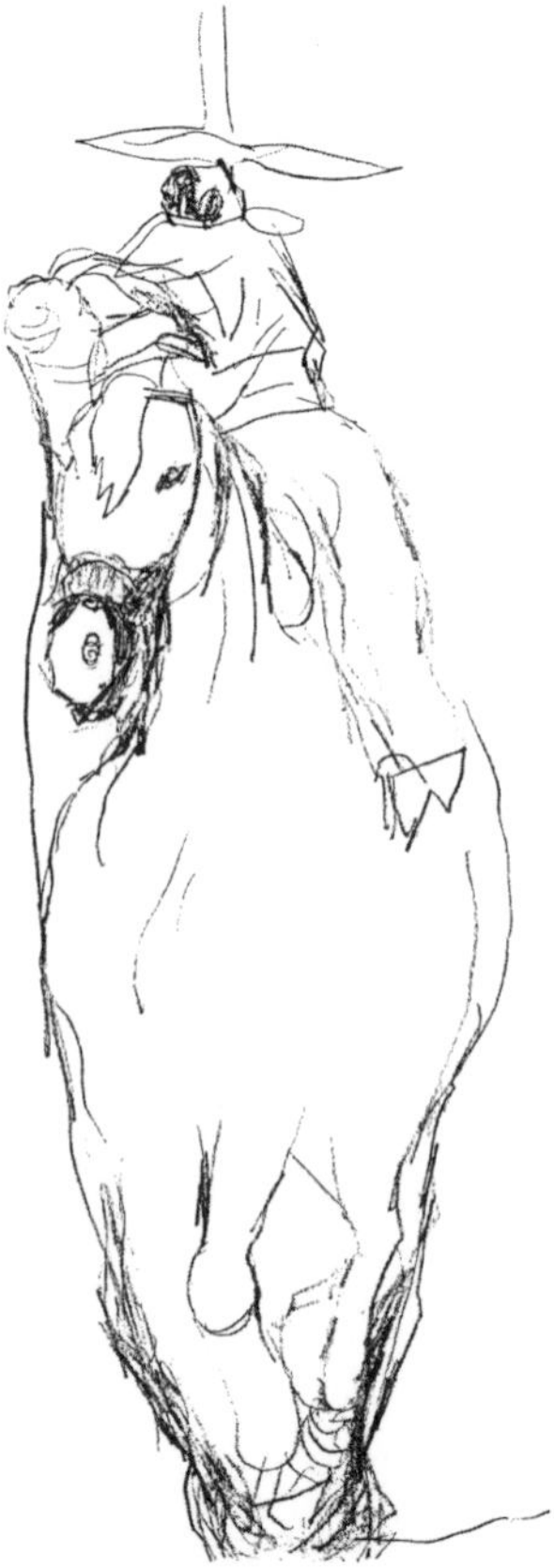

図10－3　馬に乗った人（5歳）
(Selfe, 1977 [56], No.32)

（2）ニワトリの絵

ナディアは6歳以降、ニワトリも好んで描いた。図10－4①と②は6歳4か月のときに描いた2枚である。B4判に近い大きさの画面いっぱいに描かれとても迫力がある。甲高く鳴く声が聞こえてくるようである。これらもナディアの代表的な絵としてしばしば紹介される。

2枚はニワトリの向きが異なるが、よく見るとそれ以外にも異なる点がある。首のまわりの羽根の描き方が違うし、姿勢も微妙に違う。図10－4②の方が身体を伸ばし、片方の足を後ろに蹴り上げて鳴いている。鳴いている瞬間の身体の躍動感がより強く表現されていると言ったらよいだろうか。

①（No.33）

②（No.34）

図10－4　ニワトリの絵（6歳4か月）
（Selfe, 1977 [56]）

（3）人の動き

図10－5①は5歳のときに描かれた絵である。兵隊と思われる3人の人物が見える。画面右端の人物は、身体はこちらを向け、上半身を思いきり右方向にひねり、片足を折ったまま振り上げている。その左やや奥に、左に向かって行進しているような二人目の兵士が見える。その兵士が伸ばした左手の下に、三人目の兵士が、今度は右を向いて、片方の足を振り上げている。二人目の兵士の頭上に、膝を折った足だけが描かれている。どれもダイナミックな動きの瞬間を捉えている。前述の書評誌[17]では、躍動感に加えて人体の量感や重さも感じられることを指摘し、ナディアの傑作の一つとしている。

一般的な絵の発達では、つったった状態の「型」をまず習得し、それを部分的に修正することで、動きのあるポーズを描くようになる。それに対してナディアは、つったっている人物をほとんど描いておらず、つねに動いている瞬間を絵にしている。

ナディアは足を組んで椅子に座っている人物の絵もよく描いた。図10－5②はサンダルをはいた女性が椅子に座って足を組んでいるところで、6歳8か月のときに描かれた。左足の上に右足がのっている接点に描かれた影、ふくらはぎの線、サンダルのかかとが浮いている点などがとてもリアルに描けている。さらに感心するのは、サンダルをはいた右足が向こうへ向かっていることが表現されている点である。足の甲の部分も斜め向こうに向かって少し短縮して描かれている。コックス[11]は著書の中でこの絵を紹介し、ナディアのハンディキャップを考えると「ほとんど信じられない」とコメントしている。

① 3人の兵隊（5歳）（No.85）

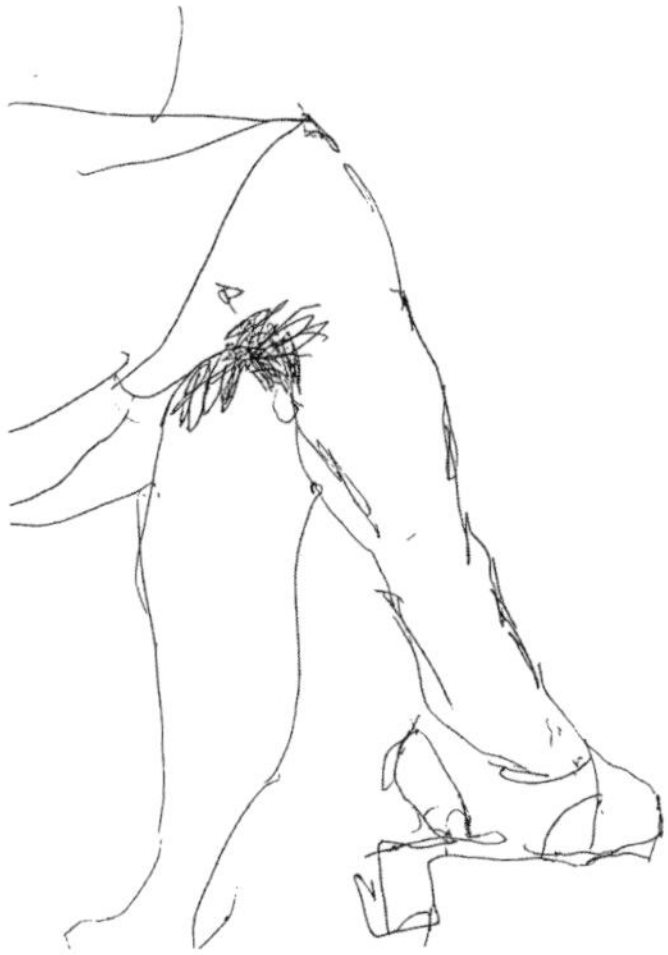

② 足を組んだ女性（6歳8か月）（No.97）

図10－5　人を描いた絵（Selfe, 1977 [56]）

2　ナディアの生い立ち

（1）絵を描き始めた頃

ナディアとはどんな子で、どのように成長したのだろうか。彼女は1967年にウクライナからの移民である両親のもとに生まれた。両親はともに理科系の大学を卒業していた。ナディアは生後9か月で単語を発するようになったが、2歳になっても二語文が出ず、だんだん言葉自体が表出されることが少なくなった。まわりからのはたらきかけへの反応が乏しく、両親は彼女の発達に不安を感じるようになった。3歳のときに妹が生まれた。そして母親ががんと診断され数か月入院し、退院して家に戻ってきたときナディアは突然絵を描き始めた。なぐり描きや頭足画の段階を経ることなく、最初から写実的な絵を描いた。

ナディアは実際のもの（実物）を見て絵を描くことはほとんどなかった。絵本に描かれた動物などからインスピレーションを得て、数日後にその向きやポーズなどを変えて描くのがもっぱらであった。

ナディアは4歳半のときに重度の知的障害と診断され、特別支援学級に通うようになった。教室では自分から教師や友だちに接することはほとんどなく、自分の世界に引きこもり、椅子に座って虚空を眺めていることが多かったという。動作は全般的にゆっくりだったがときどき癇癪をおこし、物をこわすこともしばしばだったという[57]。

5歳のときに自閉症の可能性が指摘され、6歳でセルフェが所属するノッティンガム大学の発達研究のユニットに紹介された。大学はその数年前に新聞社主催の子どもの絵のコンテストの審査をまかされ、2万40

00枚の絵を評価していた。「6歳の子に何ができて何ができないか、私たちには十分わかっていると考えていた」と著書[56]の序文に書かれている。

ナディアはそこでセルフェと出会い詳しい検査が行われたが、マニュアルどおりに検査を実施することは困難なことが多かった。検査ができた範囲では、言語能力の得点が著しく低く、語彙数が10程度、言語表出は1〜1・5歳、言語理解は6か月児程度と評価された。プレイ・セッションの一環としてクレヨンを与えたところ、こぶしをつくってクレヨンを握りしめ紙の上でこすりつけるように線を描いただけだった。何かを絵に表現する能力があるとは思えなかったとセルフェは書いている。

そんなとき、ナディアが自宅で描いた絵を母親が持ってきた。ふだんのナディアの緩慢な動作からしても、研究室が蓄積した描画発達の知見からしても、それをナディア本人が描いたとはセルフェには信じられなかった。そしてあるとき、ナディアがセルフェの目の前でニワトリや馬の絵を次々に描いた。そのときのことをセルフェは、それまでの人生で感じたことのない純粋な驚きの瞬間だったと書いている。

(2) 幼児期以降のナディア

その後ナディアは学校をかわり、コミュニケーションのための言語スキルの獲得に重点をおいた教育プログラムを受けることになった。描画教育も継続され、ロートレックの絵が載っている絵本を与えられるなどして新たな刺激を受けた。ただ同時に、他の子どもの絵にも関心が向くようになり、それらをまねして描くようにもなった。図10-6①のような、子どもっぽい絵と写実的な絵とが共存する時期がしばらく続いたという。ナディアが9歳のときに母親ががんで亡くなり、ナディアはショックを受け深く悲しんだ。

その翌年、セルフェがナディアについての著書[56]を出版すると、ナディアはイギリス国内外の好奇の目にさら

① **8～9歳の頃**（Selfe, 2011 [57], p.18）　② **9歳6か月**（Selfe, 1977 [56], No.108）

図10－6　児童期の絵

されることとなった。自閉症の少女がきわめてリアルで迫真的な絵を描くというので、多くのメディアがナディアの住む小さな町に押しかけた。アメリカABC放送のキャスターとして有名なウォルター・クロンカイトも、はるばるインタビューにやってきたという。突然の喧騒はナディア本人や周囲を混乱させた。

そのうちに、だんだんとナディアは絵を描かなくなった。絵自体もかつてのような迫力ある写実性を失っていった。通っていた学校の教師や生徒のポートレートを30枚ほど描き（実物を見て描くことは以前はほとんどなかった）、それらは対象の特徴を捉えておりよく似ていたという。図10－6②はナディアが9歳6か月のときに、教師から絵を描くように言われて描いた絵である。顔はかなり細かく描きこまれており、9歳という年齢にしてはかなりじょうずだが、胴体や手足はパターン化しており、もはや「傑出した」という形容はあたらないだろう。なおセルフェははっきり書いていないが、絵の上の文字は教師が書いたお手本と、それにならってナディア自身が書いたものであろう。

一方で教育プログラムはそれなりに成果をあげた。12歳の頃にはナディアの語彙は200～300あまりに増え、2～3語からなる文をつくれるようになった。相手の言葉のおうむ返し（エコラリア）が多くなり、コミュニケーションは限定的ではあったが、スタッフの言うことを理解してやりとりが成立することが多くなり、この時期に発達が大きく進んだとセルフェは書いている。つまり、教育によって言語やコミュニケーションのスキルは向上したが、サヴァンとしてのすぐれた描画能力は影をひそめてしまった。

セルフェの著書[56]のあとがきで再び彼女の指導教授（ニューソン）が、次のように本を締めくくっている。


このこと［ナディアの傑出した才能が失われたこと］は悲劇だろうか？　驚くことを愛する私たちにとってはたぶんそうだろう。［しかし］ナディアにとって、かつて驚嘆すべき子どもであったということで十分ではないか。彼女がもって生まれた才能の一部を失ったことは、言葉を得るために支払わねばならない対価なのである。言葉は、彼女を守ってくれる小さな世界とやりとりできる関係の中に彼女を迎え入れる。私たちはナディアのために、その対価を支払う準備をしなくてはならない。（p.130：強調は原文による）

この部分は、著書[56]の冒頭（「驚くことが知識の始まりである」）と呼応している。セルフェらを驚かせたナディアは、描画の才能を失うことの対価として言語やコミュニケーションのスキルを獲得したが、その獲得したものこそが重要なのだというのが著者の立場である。しかしもちろん、それとは別の考え方があるだろう。実際、先の書評誌はナディアへの教育の成果に関して「手術は成功したが患者は死んだ」と皮肉っている。[17]最後の節で、この書評誌の立場をさらに深めたアートの観点から、再びナディアの絵を論じようと思う。

3　ナディアの絵をどう説明するか

ナディアは自閉症にもかかわらず、また特別な絵画教育を受けたわけでもないのに、なぜ大人も遠く及ばない写実的な絵が描けたのだろうか。ナディアの心理検査の結果を大きくまとめると、知覚やイメージの要素が大きい課題では比較的高い得点をあげた一方、概念的・言語的な要素が大きくなると得点はかなり低かった。[56][57]たとえば、モノとそのシルエットとを照合させる課題はナディアはとてもよくできた。絵を模写する課題では、お手本が目の前から取り去られてもほとんど苦にしなかった。それに対して、前述したように言語に関する課題の得点はとても低く、また、対象をカテゴリーにしたがって分類する課題もひじょうに苦手だった。たとえば形や用途が異なるいくつかの椅子を「椅子」というカテゴリーとして一つにまとめることが困難であった。

これらをもとにセルフェは、概念的・言語的思考が困難であることが、視覚的イメージへのアクセスを容易にしているのではないかと考えた。私たち健常者はものを見ると、おもに言葉（名前）を介してカテゴリー化することで認識する。デスクで座る椅子も安楽椅子も「椅子」であるというように。健常者が目の前のものを絵に描く場合、特に子どもにおいては、対象が属するカテゴリーの認識が優位となるために、パターン化した絵を描くことになる。勉強机の椅子も安楽椅子も似たような椅子の絵になってしまう。（リュケが内的モデルと呼んだものは、このような基本的カテゴリーに相当するだろう。）言いかえると、私たちがナディアのように視覚に忠実な絵を描けないのは、概念的・言語的認識による類型化作用によって、視覚イメージの表出がいわば妨害されているためということになる。ナディアが言語スキルを身につけたことと並行してすぐれた絵の才能を失ったのは、まさに「対価を支払った」ことになる。

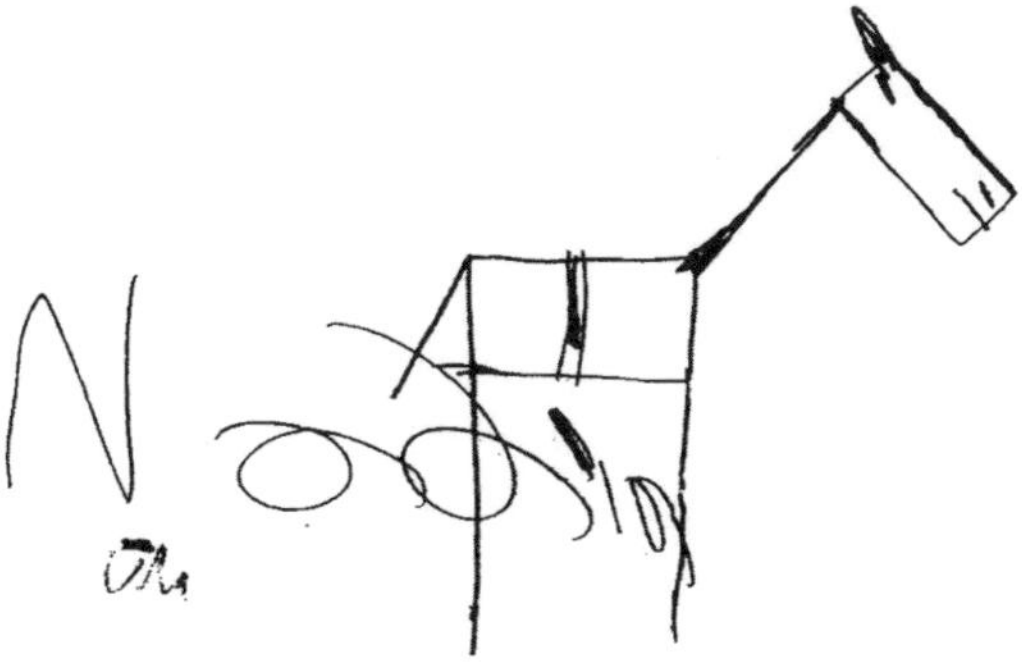

図10－7　二十代前半の馬の絵（Selfe, 2011 [57], p.21）

セルフェがナディアを研究していた1970～80年代、認知心理学ではいわゆる「イメージ論争」が展開されていた。人が心に思い浮かべるイメージは、内観としては絵のように思えるが、実際に頭の中でおこっている認知過程はもっと概念的で、コンピュータ・プログラムのような命題によって記述される性質のものではないかという主張がゼノン・ピリシンによって提議された[53]。それがきっかけになり、イメージは〈絵＝アナログ的〉か〈命題＝デジタル的〉かという論争がおこった。そこでは人間の認識を視覚イメージと概念的・推論的過程との二分法で捉えることが前提されていた。それは、両者を発達上のトレード・オフの関係として捉えるセルフェの仮説を支持する理論的文脈となったのである。

ナディアが二十代のときに、セルフェは彼女を訪問して検査などを行った。ナディアは食事や衣服の着脱などは自分一人でできたが、店に行って買い物をしたりバスなどに乗ったりする際には誰かが付き添って助ける必要があった。コミュニケーションでは一度に一つの要求を理解するのがせいぜいであり、言語能力はかなり限られたものだった[57]。十代初めに教育プログラムが効果を示したあたりで、言語やコミュニケーションの能力は伸び止まってしまったようである。

ナディアが絵を描くことはさらに少なくなった。図10－7は二十代前半に描かれた馬の絵である。絵の上に重ねるように"Nadia"と書かれている。幼児期に描かれた馬とは全く対照的な、パターン化した絵である。

セルフェは、ナディアが40歳をすぎて再び彼女の暮らす施設を訪ねた。ナディアはスタッフからセルフェの訪問を聞くと楽しみに待っていたという。彼女は睡眠障害に悩まされており、そのせいもあってか、セルフェが話しかけてもうまく意思疎通ができず、ほどなく居眠りを始めた。

ナディアはもう何年も絵を描いていないとのことだった。施設のホールには彼女が幼児のときに描いた絵が飾られていたが、それらに目をとめることはほとんどなかった。ただいろいろな絵を見ることは好きで、身近なものを写した写真を熱心に見ていたという[57]。

4　サヴァン症候群

知能が低いにもかかわらず特定の分野で傑出したパフォーマンスを示す人が存在することは古くから知られており、18世紀から欧米で学術的な研究対象となった[64]。19世紀末のアメリカ心理学会誌に載った論文[55]によれば、14歳のときにアフリカからアメリカに連れてこられ農園で働いていたある男性は、読み書きができなかったにもかかわらず計算が異常に速く正確で、「ヴァージニアの計算男」と評判になっていた。70年と17日と12時間生きた人がいたとして、それを秒に換算するとどれだけかという問題を与えたところ、1分半で正解を出したという。（ちなみに22億・・・秒である。）

このような人たちをイディオット・サヴァン（idiot savant）と命名したのは、ダウン症にその名を残すイギリスの医師ラングドン・ダウンである。"idiot"はその当時IQが25以下の者を意味した。"savant"とはknow

にあたるフランス語savoirの形容詞で、つまりイディオット・サヴァンとは知能が著しく低いにもかかわらず特定の領域でひじょうに物知りだったり高いパフォーマンスを示す人を意味する。その後、ダウンが示したIQは実際より低すぎ正確でないことが指摘され、イディオットという語は用いられなくなった。また、特殊能力が表れる領域の広さや傑出の程度が幅をもっていることから、今日ではサヴァン症候群（savant syndrome）と呼ばれることが多い。[注24]

サヴァンが多く出現するのは、音楽、美術、カレンダー計算、数学、そして視空間スキルの五つの領域とされている。[64] これらのうちカレンダー計算は、ある年月日が何曜日かを直ちに言い当てる能力である。（たとえば1828年9月10日は何曜日か？）一般にはほとんど関心をもたれないが、サヴァンではよく見られる能力である。その例として、香港で生まれ育った「キット（kit）」（19歳）のケースを見てみよう。[34]

（1）「キット」のケース

「キット」は生まれたときには障害はなかったが、1歳のときに高熱が続いたことで知的障害をもったという。7歳から特別支援教育を受け、17歳時点でのIQは75（パフォーマンスIQは91、言語IQは66）だった。言語能力が特に低いことは、カレンダー計算に限らず多くのサヴァンに共通する特徴である。

彼に1世紀から29世紀までの日付を示して曜日を答えてもらったところ、20世紀と21世紀についてはパーフェクトだった。紙と鉛筆を使ってよいことにしたが、20世紀から大きく離れた年月日のときにメモ的に数字を書いた程度だった。誤りの出現パターンから、曜日の計算には28年（7曜日×4年）ごとに日付と曜日が一致することや閏年についての規則を用い、20～21世紀を起点にして計算をしていることが推察された。なお「キット」の家族が日付と曜日の法則を彼に教えたことはなく、この能力が自学自習によって獲得されたことは確かである。（一般の大学生にこの規則を学習させカレンダー計算を訓練した研究[18]によると、サヴァンと同じレベルに到達するまでに20～30時間を要したという。）

「キット」はカレンダー計算以外にも驚異的な記憶能力を発揮した。過去3か月間の宝くじの当選番号（7桁）を抽選日とセットですべて記憶し、過去10年間に発売されヒットチャートにのった歌の題名や、香港のバス路線すべてを覚えていた。一方、言語が関係するテストでの成績は芳しくなく、四則演算はよくできたが文章題の形式で出題されるとほとんど正解できなかった。またカレンダー計算が得意であるにもかかわらず、知能検査にある「1年は何か月ですか？」という質問に答えられなかった（「3年」と回答したという）。

「キット」の例からわかるように、サヴァンの能力の発揮のされ方はひじょうに偏っており、他の基本的知能（特に言語能力）との間で著しくバランスを欠いている。その傑出した才能は、人間が通常もっている他の知的能力に対して孤立しているかのように見える点に大きな特徴がある。[注25]

もう一つの特徴は、その特異な知識やスキルが誰かから教えられたものではないことである。彼（女）に特殊な才能があることを、たいていは十代前後に家族など周囲の人たちが気づく場合がほとんどである。サヴァンの傑出したスキルは、生得的な能力基盤の上に、当人が人知れず興味をもち独学（self-taught）で身につけたものである。

（2）サヴァンへの教育

サヴァンのもつ才能をさらに伸ばし、言語を中心としたコミュニケーション能力を高める教育がさまざまに工夫されてきた。そこに影を落としていたのがナディアの事例だった。教育プログラムの成果として言語やコミュニケーション能力が向上したことと引き換えに、すぐれた絵の才能を失った事実は大きなインパクトをもち、「ナディア効果」と呼ばれた[65]。しかしサヴァンへの教育の知見が蓄積されるにつれ、ナディア効果とは反対の事例も知られるようになった。

たとえばナディアと同じく美術に秀でたサヴァンとして知られるスティーヴン・ウィルシャーは、対照的な人生を送っている。ナディアより7歳若いウィルシャーは3歳のときに自閉症と診断された。やがて絵の才能を見出され、教育プログラムを受けつつ美術学校に通った。そこでさまざまな表現技法を学び、描写の幅を広げた。

彼はおもに建物を精密な遠近法によって描くことを好んだ。イギリスの建築界の大御所的人物の目にとまり社会に広く知られるようになってからは、東京など世界各地の大都市の上空をヘリコプターに乗って俯瞰し、ビル群を大画面に描いたりした。スケールが大きく超細密に描かれた絵のいくつかはインターネット上で見ることができる。ウィキペディアによれば、いまやその絵はオークションにかけられ、イギリスから勲章を授与されたという。画家として成功を収めたと言えるだろう。

ウィルシャーとナディアはともに自閉症のサヴァンとして知られるようになったが、その後の人生は大きく異なった。その原因はいくつかあるだろうが、ナディアがサヴァンの先駆的存在であったことが大きな原因の一つだったであろう。前述したように、ナディアは絵の才能をもつサヴァンの存在を初めて世に知らしめたことで、一般の人たちの好奇の目にさらされた。後に続いたウィルシャーは、すでに絵のサヴァンが世の中に認知されていたために、過剰な喧噪や期待に巻き込まれることなく、自らの才能を伸ばしていくことができた。彼の受けた教育プログラムも、ナディアの知見をいかしてよりよいものになっていたかもしれない。変化する時代や社会のどの時点で「世に出る」かによって、同じような才能をもっていても大きく異なるライフコースを歩むことになるのである。

サヴァンの研究者ドラルド・トレファートは、多くの事例を総合するとウィルシャーのケースの方が一般的であり、ナディア効果は一種の神話だと主張する。[65] 彼は次のように書いている。

私たちは、ナディアの身にどのようなことがおこり、なぜその特別な能力が失われたのかを知ってはいないように思う。しかし私が直接にかかわったり情報を得て知っている数多くのサヴァンからわかっているところでは、彼らが成長し大人になるにつれて、あるいは正規の教育やトレーニングを受けるにつれて、あのような「いたましいトレード・オフ」、すなわち［傑出した］スキルの消失が生じるということはない。それとは反対に、私の経験からすれば、精魂を傾けて「才能をトレーニングする」こと自体が本来的に、特別なスキルが何であれ、そのスキルとの「いたましいトレード・オフ」なしに、言語や社会性や日常生活上のスキルを伸ばすことにつながる。ナディアが経験したことは例外であって、一般的法則ではないのである。(p.568)

ナディアの描画能力を視覚イメージと言語的・概念的思考とのトレード・オフの関係から説明しようとしたセルフェの理論も、現代から見るとやや大雑把にすぎると言わざるを得ない。ナディアを説明することはサヴァンを説明することであり、それは今日の脳科学や認知科学をもってしても未だなし遂げられていない。サヴァンは数こそひじょうに少ないが、私たち人間の一人として必ず出現する存在である。その特異で驚異的な能力を説明できない限り、人間のもつ能力や脳機能を完全に解明できたことにはならないのである。

5　アートの視点——アウトサイダー・アート

今まで見てきたナディアの絵の「すごさ」は、視覚的写実性を念頭において見たときの卓越性であった。その観点に立った上でなお、ナディアの絵は単に「写真に撮ったようにそっくり」に描けるというレベルでの「じょうずさ」なのではなく、動いている瞬間の人間や動物が題材とされ、ダイナミズムにあふれており、描き手の尋常でない才能をうかがわせた。しかしセルフェが紹介しているナディアの数々の絵を見ると、そのような見方には収まりきれない面があることも確かである。そこでアートの視点から絵を見ることで、発達心理学が注目してこなかったナディアの他の絵とその特徴に光をあて、そのような「収まりきれなさ」をいくらかでも掬い取ってみたい。

10年ほど前、心理学の世界で自閉症研究をリードしているフランチェスカ・ハッペとウタ・フリスがサヴァンについてのシンポジウムを実施し、成果を『サヴァンと才能』という著書にまとめた[32]。その中の一つの章を、美術史とアートの専門家であるロジャー・カーディナルが書いている[6]。彼は「アウトサイダー・アート」という言葉の産みの親として知られる。アートの専門家はナディアの絵をどのように見たのだろうか。はじめにアウトサイダー・アートについて簡単に紹介しよう。

アウトサイダー・アートとは何か。芸術（アート）と聞いて私たちが思い浮かべるもの――各種の美術展に展示される絵、中学や高校の美術の教科書に載っている絵や美術の歴史、そして美術系の学校のカリキュラムに組み込まれたデッサンその他のトレーニングなど、社会的に認められ常識となっている「アート」――の外側にいる人びとがつくった作品群がアウトサイダー・アートである。絵画表現への切実な欲求のもとに、自己修練とでもいうべき努力の結果、我流で自分独自の世界や表現様式をつくりあげたものである。描き手は精神疾患や知的障害をもっていたり犯罪を犯して刑務所に長く服役していたりする場合が多い。絵を描くことに熱中し執着するが、自分の絵を他人に認められたいという欲求は強くないことが多い。ふだん暮らしている施設内に積まれた段ボール紙に描いた絵が、何も知らないスタッフに廃棄されていたりする。そのように人知れず描きためた絵が、何かのきっかけで偶然「発見」されて陽の目をみるのが、多くのアウトサイダー・アートである。

その存在意義は、社会の常識的な価値観や美意識に「飼いならされない」個人性が、絵を見る人の心をどれだけざわつかせるかにある。カーディナルはその感じを、言葉や習慣を全く知らない外国にいきなり放り込まれた状態にたとえた[6]。そこにいるのは自分と同じ人間だが、どう対したらよいかわからず戸惑う。それと同じようにアウトサイダー・アートは、絵を見る者に何とも言えない落ち着かなさ、不安な感じを抱かせる。

一般にどのようなアートでも、作品を見ると作り手や創作過程への想像力が刺激され、鑑賞の面白さや楽しみがうまれる。アウトサイダー・アートの場合は、既存のアートの常識にとらわれていない分、作り手がひときわ強烈な「他者性」を発散させる。それを受けとめようとすると私たちの絵を見る視点が大きくゆらぐ。アウトサイダー・アートはその意味でアートの魅力を凝縮させたものなのである[注26]。

6 ナディアの絵・再訪

アートとして絵を見ることは、描き手が何を考え、どのように制作したのかをあれこれと考えることであり、その過程で自らの視点のゆらぎを経験することだろう。ナディアの絵についてのカーディナルの議論を見てみよう[注27]。

まずナディアの絵を紹介したセルフェの考え方を確認しておく。彼女は、グッドイナフをはじめとする知能心理学の知見を参考にしてナディアを研究した。当時の知能検査は言語能力を重視するものであったため、ナディアの知能の低さが強調された。したがってナディアを研究する際の問いは、「知能が低い幼児であるのになぜこれほどじょうずに（写実的に）描けるのか?」というものとなった。よく引用される馬（図10－1）やニワトリ（図10－4）の絵は、視覚的写実性の極致として紹介されてきたわけである。

カーディナル[5]はそのような見方に対して、「ナディアのことを、魅力的なアーティストとしてより、幼児心理学の枠組みの中の一風変わったケースとしてスポットライトを当てることに終始した」（p.10）と批判した。セルフェは、ナディアがなぜあのような絵を描けたのかを結局明らかにできなかったと書いているが、既存の心理学の枠組みではうまくアプローチできない点にこそナディアの意義があるとカーディナルは指摘し、彼女が対象を写実的に描こうとしていたとする前提がそもそも適切だったのか疑問を呈する。

3章で紹介した、3歳児のひし形の模写を思い出していただきたい。ひし形を模写するよう言われてギザギザの線を描いたら、心理検査としては0点である。しかしその子はひし形のお手本を視覚的に再現しようとしたわけではない。ひし形の先端のチクチクした感触を表現しようとしたのである。検査の基準にあてはめるから0点になるのであって、その子が何を表現しようとしたかを考えるなら、むしろ創造的ではないか。

ナディアはどのようなことを考えたり感じたりしながら絵を描いたのだろうか。カーディナル[5]を参考にしながら2枚の絵に注目したい。まず図10－8を見ていただきたい。

これは先に見た、女性が足を組んだ絵（図10－5②）と同時期に描かれた。椅子に深く身体をあずけて座っているところが表現されている。頭が米粒のような小さなマルで描かれていることにまず目がいくだろう。そのような絵はピンヘッド人間と呼ばれる。ナディアは顔をしかるべき大きさで顔らしく描けたはずなのにそうしていない。顔を極小に描き、首から下を詳しく描きこんでいるのは、対象を誇張し戯画化しているのだろう。顔には興味がなかったので省略したのだろうし、椅子に深く身体をあずけている姿勢は、ナディアのその人への見方――身体が疲れているように見えること――を表そうとしたのだろうとカーディナル[5]は言う。

さらに奇妙なのは、紙の上方に上向きの足が描かれていることである。セルフェ[56]によれば、ナディアは自分が今描いているものから何かインスピレーションを得ると、かまわず同じ絵の中に新しいイメージを描き加え

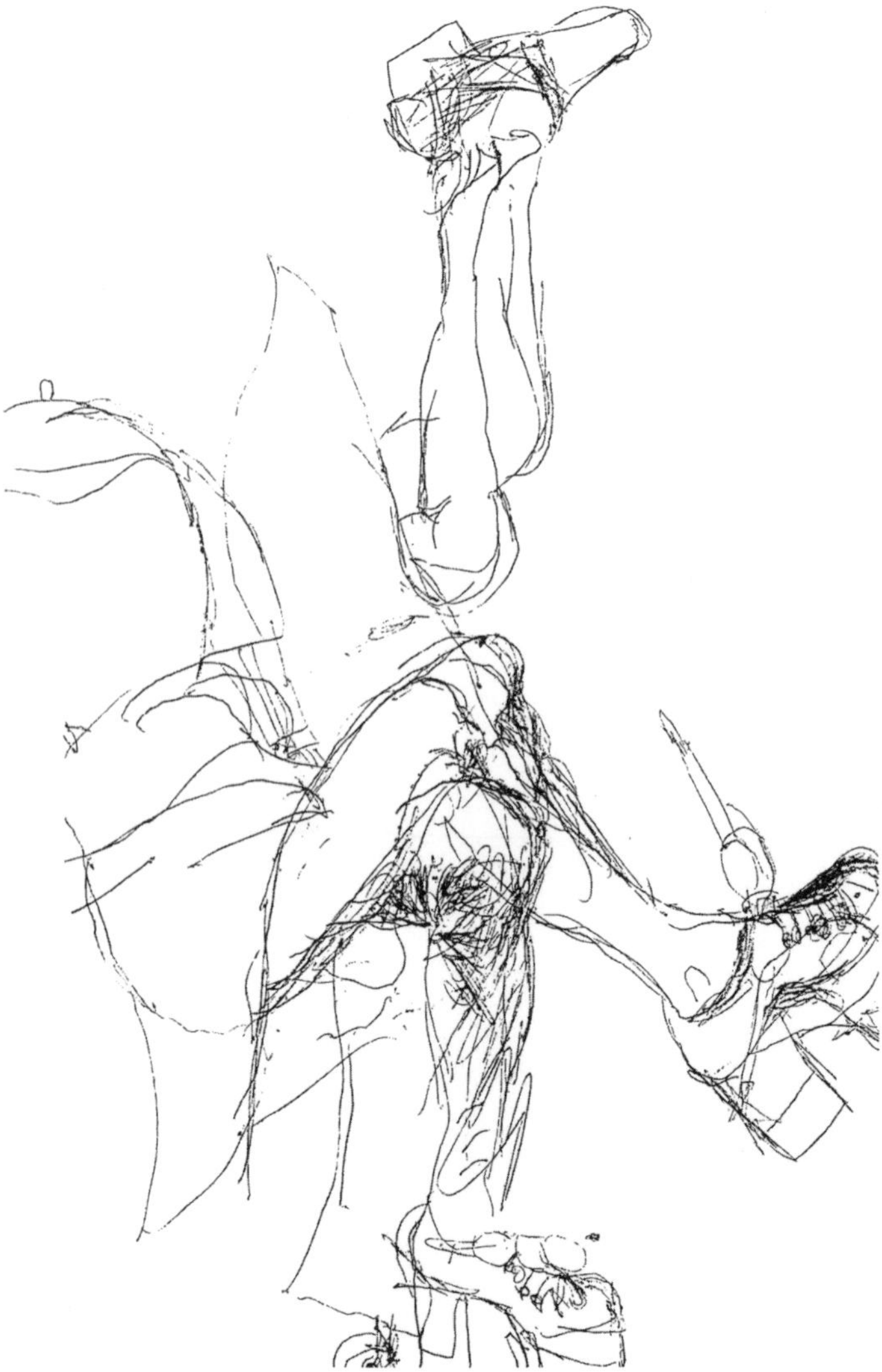

図10－8　足を組んだピンヘッド人間（6歳後半）（Selfe, 1977 [56] No.102）

ることがよくあったという。この場合も、足を組んでいる絵を描いているうちに直観がはたらいて逆さの人体を描き出したのだろう。絵を逆さにしてみると、お尻だった線が丸めた肩に見え、先ほどの太ももが左腕に見える。机に突っ伏した人が足を組んでいる図である。顔を伏せて背中をまるめている。やはり疲れている！ナディアは一枚の絵の中に二とおりの「疲れている人」を描いたことになる。彼女は遊んでいる。

次に5歳初めに描かれた馬の絵（図10－9）を見ていただきたい。章の最初に紹介したナディアの「代表作」（図10－1）と同じ構図だが、かなり印象が違う。馬の異様に大きな鼻の穴と、その下に渦をまくスクリブルに目がいく。スクリブルの線はとても軽やかで、描き手が興にまかせて描いている感じがする。写実的に描こうとするなら踏みとどまらなくてはならない一線をかまわず踏み越えてしまっているようだ。（馬の腹には、ここでもリスのような小動物が走り降りている。）

この絵は図10－1の練習として描かれたわけではないし、ましてや失敗作というわけでもない。カーディナル[5]の表現を借りれば、スクリブルは「煙が噴き出したみたい」だし、乗り手の描き方は「説明しがたい荒々しさ」で、「馬の輪郭はところどころ破れており」、絵全体を引き締める中心的なものが「カオス的に欠落している」（pp.13-14）。それらは写実表現に要求される細心さとは程遠い。カーディナルは「祝祭的で描き手の多幸感のようなものを感じる」と書いている。ナディアは楽しんでいる。

ふだんの生活では動作が緩慢で靴の紐さえ結べないナディアは、絵を描いている間は自己をアクティブな人間に変身させていた。それはカーディナルに言わせると「複雑で敏感なイメージをはたらかせながら、ひじょうに繊細な自己表出のしかたを編み出すプロセス」（p.18）であった。そして描き終えると絵をじっと見つめ、夢見心地の状態になった。「ナディアは絵を描くことで自分自身にしっかりと触れるしかたを見出した」（p.16）のであり、それは自分へのセラピーなのだとカーディナルは考察している。

ナディアはリアルで迫真的な絵を描く一方で、最後に見た2枚のような不思議で含蓄のある絵も描いた。幼

図10－9　鼻の穴が大きな馬（5歳初め）(Selfe, 1977 [56] No.28)

児から小学校低学年くらいの年齢でそれだけの振れ幅を行き来する内面世界がどのようなものか、見る者は思いをめぐらしたくなる。ナディアの絵がいかに写実的にすぐれているかという点だけに感心するのでなく、彼女が描いたさまざまな絵を自己表出のしかたの多様性として受けとめることで、私たちは才能ある子どもの絵を見る見方が広がるのを感じるだろう。ナディアがもう少しの間絵を描き続け、その多様性を受けとめ励ます誰かに出会っていたら、彼女は別の道を歩んでいたかもしれない。しかしその道は閉ざされてしまった。カーディナルは論文[5]の最後を、「ナディアが失ったものは、治療上の好奇心の対象から、彼女自身あるがままで一個のアーティストになる、その移行の機会だったのである」と結んでいる。

おわりに

まえがきでバッドアート展について述べた。そこに展示された作品の数々を私は気軽に楽しむことができた。今その楽しさの一端を言葉にするとすれば、「これのどこがアートなの?」ということだったと思う。実際、「いや全然アートなんかじゃない!」と思うことはなく、あれこれ考えることが楽しかった。それはバッドという言葉に込められた創造性へのアプローチを私なりに感じとろうとすることでもあったし、子どもの絵がどんな点でチャイルド・アートと呼ばれ得るのかを考える手がかりにもなった。

私は自分の専門は生涯発達心理学、なかでも中高年期の認知機能だと思っている。大学では生涯発達心理学を力をいれて講義してきた。子どもの絵については、オープンキャンパスや一年次の入門的な授業でちょこっと話をする程度である。しかしたまに卒業生と会うと、私のことを「頭足画の鈴木先生」として覚えているOGがとても多い。考えてみると、子どもの絵という題材に学生が興味をひかれるのはもちろんとして、私自身が実はとても面白く感じて話をしていたのかもしれないと、今になると思う。

大学院生のときに百年あまり前の論文に当時の子どもが描いた絵が載っているのを見て面白いと思い、折にふれて国内外の古い雑誌から子どもの絵を見つけてはコピーをとってきた。そのような絵が、気がつけば無為にたまる一方であり、できればその一部でも本にまとめたいと思うようになった。

また、博物館教育を実のあるものとして日本に根付かせようとしている人たちと出会い、アートや子どもの絵に対して今までと違う視点から関心をもつようになったことも、本書を執筆する大きな動機づけとなった。はじめに書いたように、心理学や子どもの発達に関心をもつ人たちだけでなく、広くアートにかかわる人たちにこの本を読んでもらえたら幸せである。

1章と2章で使った絵は、東京女子大学幼児グループが2001年に閉園するのに先立ち、記念事業の一環として、白百合女子大学教授（当時）の柏木惠子先生と鈴木とが中心になって行った縦断研究の一部である。2001年3月に発行された事業報告書のデータにさらに分析を加え、今回ようやく書籍の形でまとめることができた。また、本書を執筆するにあたり、2016年度白百合女子大学研究奨励費「幼児の描画発達と芸術性——アウトサイダー・アートの視点から」によって多くの資料を入手することができた。

最初の原稿に妻・大野祥子からコメントを得て修正にかかり、脱稿までの時間が少し長くなったが、一人で書き上げたときよりもずっと読みやすいものになったと思う。謝意を記したい。

新曜社の塩浦暲氏には、原稿を本にしていただくにあたってたいへんお世話になった。こんなにたくさんの絵を本当に載せてもらえるのかと心配したが、一枚も欠けることなく盛りこむことができ、とてもありがたかった。ご高配に心より感謝いたします。

注

［1］ここで述べたことを言いかえると、発達を多次元的・多方向的に捉えるということである。2章で見るように子どもの絵の発達は「だんだんじょうずになる」といった単一の次元では捉えられない。どんな領域の発達も複数の次元からなっており、それらが互いに異なる発達の方向性をもつ。

［2］すすむ君は初回（4歳4か月）で胴体のある絵を描いている。ただこの時期の絵はスクリブルが多用され、「おたま」や「仕事カバン」など、その時自分がしているお話しに出てくるものを要素列挙的に画面上に置いていくといった絵であった。その後の頭足画とは絵を描くことへのアプローチ自体が異なる可能性がある。

［3］イギリスで5歳以下の子どもに同様の縦断調査を行い、絵の発達的変化を報告した著書[13]がある。本書で紹介したものと発達的変化の傾向はだいたい同じだが、関心のある方はご覧いただくとよいと思う。

［4］1章でとりあげた6名を含む37名に対して同様の分析を行い、ほぼ同じ結果を得た。

［5］実験では、ふだん頭足画以外の絵を描く子――胴体のある絵を描く子に加えて、なぐり描きしかまだ描かない子も集めて同じ質問をした。それによると、胴体を描いている子が頭足画を選ばず、胴体のある絵を選んだのは当然として、ふだんもっぱらなぐり描きをしている子（年齢は低い）も胴体のある絵を選ぶことが多かったとのことである。[63]興味深い報告である。

［6］子どもの絵における身体性や運動感覚については、文献46を参照されたい。

［7］そう思って見ると、1章のあきちゃんの最初の絵（4歳3か月）は、イガイガ状の絵の名残りにも見える。大人には尾があるように見えるが、描いた本人は3本とも足だと言った。手足を含めて5本の線が出ていると見れば、頭足画がしばしばイガイガ画の発展形であることを示しているのかもしれない。

[8] これらの絵を見ていると、「稚拙な絵と言って片付けられない不思議な魅力がある」のは、子どもの絵に限らないかもしれないと思えてくる。そのような関心をもった方は、ナンシー関編著『ナンシー関の記憶スケッチアカデミーⅠ・Ⅱ』(角川文庫)をご覧になるとよい。

[9] この時期の心理学はというと、哲学の下位領域から科学として独立しつつあった草創期にあたる。リュケの著書が出る8年前(1878年)にドイツのライプツィヒでヴィルヘルム・ヴントが心理学実験室を開設したことが科学的心理学の原点とされる。そしてリュケの最初の著書と同じ年(1913年)に、その後アメリカで一世を風靡することになる行動主義心理学がジョン・ワトソンによって提唱された。子どもの絵の研究は心理学と並行して発展したのである。心理学の成立から認知革命までの歴史については文献61の第1章と第2章を参照されたい。

[10] 知的写実性という訳語については、intellectual を「知的」と訳すのが心理学の通例なのでこれがほぼ定まっている。しかし一般的な日本語でいえば「知的」は intelligent(頭がよい)という意味で使われることが多いだろう。「知的写実性」の「知的」は、頭がよいということではなく「知識や概念が関与している」という意味である。なおリュケの1913年の著書[40]では「論理的写実性」(logical realism)と呼ばれた。

[11] 美術史家のエルンスト・ゴンブリッチの著書[29]にも、遠近法によって描かれた絵を子どもが模写したものが載っている。モデルとなったのは16世紀に描かれた絵で、3人の天使が、横たわる聖人の遺体を棺に入れようとしているところである。天使は棺の少し上、中空にとどまりながら聖人の頭部や胴体の下に手をやって支えている。絵は真横からの視点で描かれており、聖人の顔は横顔で、こちら側の手足だけが描かれている。ところがそれを模写した子どもの絵では、聖人は身体全体を正面に向けて横たわっており(手足が2本ずつ描かれ)、3人の天使も突っ立った状態で描かれている。ゴンブリッチは、子どもの絵は「名詞」だけで構成され「形容詞」がないと述べている(p.281)。描きたい対象が「何であるか」を典型的イメージによって描き(知的写実性)、それが「どのような見え方をしているか」(正面向きとか横向きとか)にはあまり関心を向けないということである。

[12] キュビスムは空間認識を理論化する幾何学にも着目した。19世紀までの「唯一の幾何学」であったユークリッド幾何学は、平面を基礎とし空間を歪みのないものとする常識的な空間概念を反映した幾何学であった。同世紀にその前提が問い直され、新しい幾何学が提案された。キュビスムのマニフェスト[28]の中で著者らは、旧来絵画の背景にある空間認識をユークリッド幾何学と結びつけ、動きの中で対象の形が変形しないとする仮定に批判の目を向けている。そして触覚にもとづく対象認識に注目し、新たに参考にすべき非ユークリッド幾何学として19世紀半ばに提唱されたリーマン幾何学——平面よりも曲面を基礎とし歪みのある空間を定式化した——に言及している。

[13] キュビスムの歴史を広範かつ詳細に概観した松井[42]は、「キュビスムの作品を見ること」は「単に造形作品の美的な鑑賞を意味しているのではなく、対象を知ろうとする人間の認識メカニズムについての実験に参与すること」（p.523）であると述べている。

[14] 幼児が「見えるとおりに」描くよう教示された際に向こう側にあると「知っている」ものも描いてしまう傾向は、向こう側がどのようなものかわからない場合の描画と比較することで、よりはっきりするだろう。田口[62]は人形を背面からのみ見せる群と、子どもの目の前で回転させて全面を見せた後で背面からの見えを描かせる群とを比較した。（どちらの群でも「人形」というネーミングをしなかった。）結果は、後者の群の方が人形の顔のある面を描く知的写実性の絵が多かった。

[15] 美術批評家の岡崎乾二郎[45]は、「キュビスムの前提にあったのは、感覚与件＝視覚を含めた個々の感覚器官が刻一刻と感受している情報と、対象の認識＝人が対象として把握していることはまったく異なる次元の事柄だという認識である」（p.14）と述べている。前者（感覚与件）が後者（対象の認識）の原因になる（＝従来の知覚心理学の前提）のではなく、「まったく異なる次元の事柄」という指摘は、ギブソンの洞察と相通じる見解である。なおギブソンはたびたび絵画について論じており、1950年の著書[25]の抽象絵画について述べたページ（p.201）には3枚の絵が載っている。1枚はミロで、残る2枚のうち1枚はキュビスムの絵である。ギブソン自身のキュビスムへの言及は見出せなかったが、リュケの英訳者のアラン・コスタルは両者を結び付けた論考を発表している[7][8]。

[16] 20世紀初めのホールらの時代には、「発生的」（遺伝的）要素が発達において優位を占めるという理論（成熟説）が経験主義的な考え方に代わって優勢になった。しかし20世紀後半以降、進化生物学が、個体の経験が発達を通じて遺伝子の発現のしかたに影響を与えることを明らかにした。遺伝的要因は発達の基礎には違いないが、実際の環境でどのような形態や機能をもって現れるか（遺伝子の発現のしかた）は、環境や経験的要因によって制御される。遺伝的要因は、個体が環境条件に応答し得る幅を制約しているが（応答基準）、個々の個体が実際にどのような姿をとりどのような行動パターンを見せるかは、環境条件が決めるのである。このように環境と遺伝とが相互作用をして個体発達を進めるという考え方（文脈主義的発達観）が、現在多くの研究者に共有されている。20世紀を通じての「発達とは何か」をめぐる理論的変遷については文献61の第2章を参照されたい。

[17] 晩年のインタビュー[3]でピアジェは、主体は対象への表象操作によって対象に限りなく近づくことができるが、対象そのものには決して到達しないと述べている。言いかえれば現実は認知的に再構成されるのである。

[18] 知的写実性と視覚的写実性が共存する可能性はギブソンの知覚理論[27]からも示唆される。ギブソンは視覚世界（visual world）が知覚の典

型的な状態だと主張したが、同時に自己視点を意識し世界を「パースペクティブ」として認識することも可能だとしている。彼は「主体と客体は・・注意の両極にすぎない」(p.116) と述べ、外的世界と自己視点からの見えはともに情報として知覚システムに抽出されており、どちらに注目するかをスイッチできると主張した。

[19] 対象布置を描くときの視点を子どもに意識させた実験として次のような研究[38]もある。テーブル上に2個の対象（色違いのボール）が手前‐奥に置かれ、テーブルの4辺のそれぞれに椅子が配置された。子ども二人がペアになり、一人が部屋の外に出ている間に、もう一人が布置（2個の対象）が手前‐奥に見える位置の椅子にすわって絵を描いた。その際、「外にいる子が中に入って絵を見たときに、どの椅子にすわって描かれたかあてられるように描いて」と教示された。描き手が2個を横に並べて描いてしまうと（知的写実性）、もう一人が椅子の位置を間違って答えることになる。結果は、4歳児ではこのような設定にしない場合（統制群）とほとんど差がなかったが、5～6歳児で大きな効果があったと報告されている。

[20] 自分の考えを振り返って説明する群（1）よりも、他人（テスター）の考えをああかこうかと推測する群（2）の方が、いろいろな理由づけを思いつきやすかっただろうから、それがこの群のトレーニング効果の高さにつながったと考えられる。実際、三つ以上の説明をした人数は、自分の考えを説明する群（1）では15人中6人だったのに対し、テスターの考えを説明する群（2）では15人中13人であった。

[21] ここ10年あまりの間に、学習や発達が進む際に子どもや学び手の中で何がおこっているかという関心のもとに、「ゆらぎ」という概念が心理学や認知科学で用いられるようになった。たとえば『子どもの心的世界のゆらぎと発達』（木下孝司ら編著、ミネルヴァ書房、２０１１）は、ごっこ遊びなどにおける子どもの現実認識と想像力との関係を「ゆらぎ」というキーワードで論じている。また『教養としての認知科学』（鈴木宏昭著、東京大学出版会、２０１６）の第6章「ゆらぎつつ進化する知性」では、最近の認知科学の知見をもとに人間の学習過程の特徴を「ゆらぎ」として解説している。私自身、２０１５年の日本教育心理学会で博物館教育での学びについてのシンポジウムを企画した際に「ゆらぎ」の概念を取り上げた（「ミュージアム・エデュケーションでの学びと評価」）。インターネット上で予稿集が見られるので、関心をもった方はご覧いただきたい。

[22] 理論をつくる側も、説明すべき事実と理論との間でゆらいでいる。ピアジェは、多くの事実にあまりに簡単にあてはまる理論は信用できない、理論を確信できるのは「事実の抵抗」、「事実を理論に合わせようとする困難さによってである」[3]と述べている。

[23] 「ゆらぎ」に関係して「いいモヤモヤ」というフレーズを新聞で目にしたので紹介する。修学旅行で沖縄を訪れる中高生を対象に平和学

習プログラムを企画・運営する「株式会社がちゅん」代表の国仲瞬氏が、「いいモヤモヤ」を大切にしていると述べた記事が新聞に載っていた（朝日新聞2017年8月24日「論座」）。氏は平和学習プログラムをうけた中高生たちの学習後の感想文をあまり重視しないという。生徒たちは体験や議論を通じていろいろ複雑なことを感じ取ったかもしれないのに、それを無理やり言語化させることに疑問をもつからである。平和学習の感想文テンプレートというべきものがあり、「やっぱり平和が大切だと思いました」とでも書いて感想文を締めくくれば一応レポートとして体をなす。そのようなことを書いてもらうより、言葉にならない「いいモヤモヤ」――「揺り動かされた何かはあるんだけれども、うまく言葉にできない」という感覚を持ち帰ってもらうことの方がだいじだと氏は言う。生徒一人ひとりがその後の経験を通じて自分で言葉にしていってほしいと記事には書かれていた。氏のいう「いいモヤモヤ」は、本書でいう「ゆらぎ」に通じると思う。

[24] 自閉症児・者のだいたい10分の1がサヴァンだといわれているが、どこまでを傑出したパフォーマンスとみなすかによってその割合は変動する。なおサヴァンは自閉症に限られるわけではない[31][64]。

[25] サヴァンの能力が知能と一定の関係がある知見が報告されている。IQが50から90までの10名のサヴァンを集めて調べた研究[44]によれば、八千世紀までのカレンダー計算を出題したところ、その成績と知能との間に高い相関がみられ、IQが高いほど正答率が高かったという。

[26] アウトサイダー・アートは、本文に書いたようなアート作品を画家のジャン・デュビュッフェがアール・ブリュット（art brut：生《き》の芸術）と呼んだことに由来する。アウトサイダー・アートについてもっとよく知りたい方は、『アウトサイダー・アート』（服部正著、光文社新書、2003）や『アウトサイダー・アート入門』（椹木野衣著、幻冬舎新書、2015）などを読まれるとよいだろう。

[27] カーディナルは4節で言及したウィルシャーの絵をアウトサイダー・アートとしてはあまり評価していない[6]。ウィルシャーは早くから建物の描き手として社会に認められ、画家として成功した。その社会的評価に応える形で絵を描き続けたことで、表現スタイルの幅が狭く、絵はあたたかみに欠けるとカーディナルはコメントしている。絵を見る者の想像を刺激するような独自性がもの足りないのかもしれない。

文　献

[1] Apollinaire, G. (1912).「キュビスム事始め」エドワード・フライ（編）／八重樫春樹（訳）1973『キュビスム』美術出版社, pp.148 - 152. 原題はLa peinture nouvelle. *Les Soirées de Paris*, no.23, 1912, pp.89 - 90.

[2] Baltes, P. B. (1987). Theoretical propositions of life-span developmental psychology: On the dynamics between growth and decline. *Developmental Psychology*, **23**, 611 - 626.

[3] Bringuier, J-C. (1985). *Conversation libres avec Jean Piaget*. Paris: Éditions Robert Laffont. 大浜幾久子（訳）1985『ピアジェ晩年に語る』国土社.

[4] Burk, F. (1902). The genetic versus the logical order. *Pedagogical Seminary*, **12**, 296 - 323.

[5] Cardinal, R. (1979). Drawing without words: The case of Nadia. *Comparison*, **10**, 3 - 21.

[6] Cardinal, R. (2010). Outsider art and the autistic creator. In F. Happé & U. Frith (Eds.), *Autism and Talent* (pp.181 - 194). Oxford: Oxford University Press.

[7] Costall, A. (1985). How meaning covers the traces. In N. H. Freeman & M. V. Cox (Eds.), *Visual Order: The Nature and Development of Pictorial Representation* (pp.17 - 30. Cambridge: Cambridge University Press.

[8] Costal, A. (2001). An introduction: A closer look at Luquet. In G. H. Luquet (translated by A. Costal), *Children's Drawings* (pp.vii - xxiv). London: Free Association Books.

[9] Cox, M. V. (1981). One thing behind another: Problems of representation in young children's drawings. *Educational Psychology*, **4**, 275 - 287.

[10] Cox, M. V. (1985). One object behind another: Young children's use of array-specific or view-specific representations. In N. H. Freeman & M. V. Cox (Eds.), *Visual Order: The Nature and Development of Pictorial Representation* (pp.188 - 201). Cambridge: Cambridge University Press.

[11] Cox, M. (1992). *Children's Drawings*. London: Penguin Books. 子安増生（訳）1999『子どもの絵と心の発達』有斐閣.

[12] Cox, M. V. (1993). *Children's Drawings of the Human Figure*. Hove, UK: Laurence Erlbaum Associates.

[13] Cox, M. (1997). *Drawings of People by the Under-5s*. London: Falmer Press.

[14] Cox, M. V., & Bayraktar, R. (1989). A cross-cultural study of children's human figure drawings. Poster presented at the 10th Biennial Conference of the International Society for the Study of Behavioral Development. University of Jyväskylä, Finland.

[15] Davis, A. M. (1983). Contextual sensitivity in young children's drawings. *Journal of Experimental Child Psychology*, **35**, 478 - 486.

[16] Davis, A. M. (1984). Noncanonical orientation without occlusion: Children's drawings of

transparent objects. *Journal of Experimental Child Psychology*, **37**, 451 - 462.
[17] Dennis, N. (1978). Portrait of the artist. *The New York Review of Books*, 4, May.
[18] Ericsson, K. A., & Faivre, I. A. (1988). What's exceptional about exceptional abilities? In L. K. Obler & D. Fein (Eds.), *The Exceptional Brain: Neuropsychology of Talent and Special Abilities* (pp.436 - 473), New York: Guilford Press.
[19] Fenson, L. (1985). The transition from construction to sketching in children's drawings. In N. H. Freeman & M. V. Cox (Eds.), *Visual Order: The Nature and Development of Pictorial Representation* (pp.374 - 384). Cambridge: Cambridge University Press.
[20] Freeman, N. H. & Janikoun, R. (1972). Intellectual realism in children's drawings of a familiar object with distinctive features. *Child Development*, **43**, 1116 - 1121.
[21] 福井昭雄・窪瀧子・中村美津子・平田智久. (1984).「4本足のにわとり：その背景分析の試み（第1報）」『和泉短期大学研究紀要』**6**, 41 - 58.
[22] 福井昭雄・窪瀧子・中村美津子・平田智久. (1985).「4本足のにわとり：その背景分析の試み（第2報）」『和泉短期大学研究紀要』**7**, 57 - 67.
[23] 福井昭雄・窪瀧子・中村美津子・平田智久. (1988).「4本足のにわとり：その背景分析の試み（第6報）」『和泉短期大学研究紀要』**10**, 17 - 29.
[24] 福井昭雄・中村美津子・窪瀧子・平田智久. (1987).「4本足のにわとり：その背景分析の試み（第5報）」『和泉短期大学研究紀要』**9**, 37 - 55.
[25] Gibson, J. J. (1950). *The Perception of the Visual World*. Boston: Houghton Mifflin.
[26] Gibson, J. J. (1966). *The Senses Considered as Perceptual Systems*. Boston: Houghton Mifflin.
[27] Gibson, J. J. (1979). *The Ecological Approach to Visual Perception*. Hillsdale: Lawrence Erlbaum Associates.
[28] Gleizes, A., & Metzinger, J. (1912). *Du Cubisme*, Paris, pp. 9 - 11, 13 - 14, 17 - 21, 25 - 32. 英訳：In Robert L. Herbert, *Modern Artists on Art*. Englewood Cliffs, 1964, PDF Archived 2013-06-02 at the Wayback Machine Art Humanities Primary Source Reading 46.
[29] Gombrich, E. H. (2002). *The Preference for the Primitive: Episodes in the History of Western Taste and Art*. London: Phaidon Press Limited.
[30] Goodenough, F. L. (1926). *The Measurement of Intelligence by Drawings*. New York: World Books.
[31] Happé, F. A. & Frith, U. (2009). The beautiful otherness of the autistic mind. *Philosophical Transactions of the Royal Society B：Biological Sciences*, **364**, 1345 - 1350.
[32] Happé, F., & Frith, U. (2010). *Autism and Talent*. Oxford: Oxford University Press.
[33] Hayes, J. (1978). Children's visual descriptions. *Cognitive Science*, **2**, 1 - 15.
[34] Ho, E.D., Tsang, A. K. T, & Ho, D. Y. (1991). An investigation of the calendar calculation ability of a Chinese calendar savant. *Journal of Autism and Developmental Disorder*, **21**, 315 - 327.
[35] Kahnweiler, D-H. (1920).『キュビスムへの道』千足伸行（訳）1970 鹿島研究所出版会. 原題は *Der Weg zum Kubismus*. München: Delphin Verlag.

[36] Léger, F. (1913).「絵画の起源とその再現的価値」エドワード・フライ（編）／八重樫春樹（訳）1973『キュビスム』美術出版社, pp177 - 186. 原題は Les origines de la peinture contemporaine et sa valeur représentative. *Temps present*, 2 avril, 1913.

[37] Light, P. H. & Humphreys, J. (1981). Internal spatial relationships in young children's drawings. *Journal of Experimental Child Psychology*, **31**, 521 - 530.

[38] Light, P. H. & Simmons, B. (1983). The effect of a communication task upon the representation of depth relationships in young children's drawings. *Journal of Experimental Child Psychology*, **35**, 81 - 92.

[39] Löwenfeld, V. (1939). *The Nature of Creative Activity*. New York: Macmillan.

[40] Luquet, G. H. (1913). *Les Dessins d'un Enfant*. Paris: Alcan.

[41] Luquet, G. H. (1927). *Le Dessin Enfantin*. Paris: Alcan. 須賀哲夫（監訳）1979『子どもの絵：児童画研究の源流』金子書房.

[42] 松井裕美 (2019).『キュビスム芸術史：20世紀西洋美術と新しい〈現実〉』名古屋大学出版会.

[43] Nesselroade, J. R., & Molenaar, P. C. M. (2010). Emphasizing intraindividual variability in the study of development over the life span: Concepts and issues. In W. F. Overton (Ed.), *The Handbook of Life-span Development, Vol.1, Cognition, Biology, and Methods* (pp.30 - 54). Hoboken, New Jersey: John Wiley & Sons.

[44] O'Connor, N, Cowan, R., & Samella, K. (2000). Calendrical calculation and intelligence. *Intelligence*, **28**, 31 - 48.

[45] 岡崎乾二郎 (2018).『抽象の力：近代芸術の解析』亜紀書房.

[46] 鬼丸吉弘 (1981).『児童画のロゴス：身体性と視覚』勁草書房.

[47] Perry, M., & Elder, A. D. (1997). Knowledge in transition: Adults' developing understanding of a principle of physical causality. *Cognitive Development*, **12**, 131 - 157.

[48] Phillips, W. A., Hobbs, S. B., & Pratt, F. R. (1978). Intellectual realism in children's drawings of cubes. *Cognition*, **6**, 15 - 33.

[49] Piaget, J. (1926a). *The Language and Thought of the Child*. London: London: Routledge & Kegan Paul. 原題は *Le Langage et la Pensée chez l'Enfant*. Paris: Delachaux et Niestle, 1923.

[50] Piaget, J. (1926b). *Judgement and Reasoning in the Child*. London: Routledge & Kegan Paul. 原題は *Le Jugement et le Raisonment chez l'Enfant*. Paris: Delachaux et Niestlé, 1924.

[51] Piaget, J. (1929). *The Child's Conception of the World*. London: Routledge. 原題は *La Representation du Monde chez l'Enfant*. Paris: Alcan, 1926.

[52] Piaget, J. (1930). *The Child's Conception of Physical Causality*. London: Routledge & Kegan Paul. 原題は *La Causalité Physique chez l'Enfant*. Paris: Alcan, 1927.

[53] Pylyshyn, Z. (1973). What the mind's eye tells the mind's brain: A critique of mental imagery. *Psychological Bulletin*, **80**, 1 - 24.

[54] Ricci, C. (1887). *L'Arte dei Bambini*. Bologna: N. Zanichelli. 英語抄訳：The Art of Little Children. *Pedagogical Seminary*, 1894, **3**, 302 - 307.

[55] Scripture, E. W. (1891). Arithmetical prodigies. *American Journal of Psychology*, **4**, 1 - 59.

[56] Selfe, L. (1977). *Nadia: A Case of Extraordinary Drawing Ability in an Autistic Child*. London: Academic Press.

[57] Selfe, L. (2011). *Nadia Revisited: A Longitudinal Study of an Autistic Savant*. London and New York: Psychology Press.

[58] Siegler, R. S. (1995). How does the change occur: A microgenetic study of number conservation. *Cognitive Psychology*, **28**, 225 - 273.

[59] Siegler, R. S. (1996). *Emerging Minds: The Processes of Change in Children's Thinking*. New York: Oxford University Press.

[60] Sully, J. (1895). *Studies of Childhood*. London: Longman's, Green & Co.

[61] 鈴木忠・西平直 (2014).『生涯発達とライフサイクル』東京大学出版会.

[62] 田口雅徳 (2001).「幼児の描画行動に関する発達的研究：描画対象に関する知識は視覚的リアリズムを妨げるか？」『発達心理学研究』**12**, 206 - 215.

[63] Taylor, M. & Bacharach, V. R. (1981). The development of drawing rules: Metaknowledge about drawing influences performance on nondrawing tasks. *Child Development*, **52**, 373 - 375.

[64] Treffert, D. A. (2010). The savant syndrome: An extraordinary condition. A synopsis: past, present, and future. In F. Happé & U. Frith (Eds.), *Autism and Talent* (pp.1 - 12). Oxford: Oxford University Press.

[65] Treffert, D. A. (2014). Savant syndrome: Realities, myths, and misconceptions. *Journal of Autism and Developmental Disorder*, **44**, 564 - 571.

[66] Vygotsky, L. S. (2004). Imagination and creativity in childhood. *Journal of Russian and East European Psychology*, **42**, 7 - 97.

[67] Wilson, B. (1985). The artistic Tower of Babel: Inextricable links between culture and graphic development. *Visual Arts Research*, **11**, 90 - 104.

[68] Wilson, M. & Wilson, B. (1982). The case of the disappearing two-eyed profile: Or how little children influence the drawings of little children. *Review of Research in Visual Arts Education*, **15**, 19 - 32.

著者紹介

鈴木　忠（すずき　ただし）

東京大学大学院教育学研究科博士課程単位取得退学。教育学博士。白百合女子大学人間総合学部教授。おもな著作は「美術教育」（『児童心理学の進歩』2000年版，金子書房），『生涯発達のダイナミクス』（東京大学出版会，2008年），『生涯発達とライフサイクル』（共著，東京大学出版会，2014年）など。

チャイルド・アートの発達心理学
子どもの絵のへんてこさには意味がある

初版第1刷発行　2021年3月5日

著　者　鈴木　忠
発行者　塩浦　暲
発行所　株式会社　新曜社
101－0051　東京都千代田区神田神保町3－9
電話（03）3264－4973（代）・FAX（03）3239－2958
e-mail : info@shin-yo-sha.co.jp
URL : https://www.shin-yo-sha.co.jp

組　版　Katzen House
印　刷　星野精版印刷
製　本　積信堂

ISBN978-4-7885-1710-3 C1011

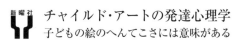